500万次倾听
陪伤心的人聊聊

HOW TO LISTEN

[英] 凯蒂·哥伦布 Katie Colombus 著

李恒幸 译

北京联合出版公司
Beijing United Publishing Co.,Ltd.

图书在版编目（CIP）数据

500万次倾听：陪伤心的人聊聊 / (英) 凯蒂·哥伦布著；李恒幸译. -- 北京：北京联合出版公司，2024.
10. -- ISBN 978-7-5596-7882-9

Ⅰ. C912.11-49

中国国家版本馆CIP数据核字第20245AF904号

Copyright © 2021 text by Samaritans, 2021 design and layout by Octopus Publishing Group Ltd
This edition arranged with Kyle Books, an imprint of Octopus Publishing Group Limited through Big Apple Agency, Inc., Labuan, Malaysia.
Simplified Chinese edition copyright:
2024 Beijing ZhengQingYuanLiu Culture Development Co., Ltd
All rights reserved.

北京市版权局著作权合同登记 图字：01-2024-4378号

500万次倾听：陪伤心的人聊聊

著　　者：[英]凯蒂·哥伦布
译　　者：李恒幸
出 品 人：赵红仕
责任编辑：李艳芬
特约编辑：陈　静
封面设计：张亦琦
装帧设计：季　群

北京联合出版公司出版
（北京市西城区德外大街83号楼9层　100088）
北京联合天畅文化传播公司发行
北京中科印刷有限公司印刷　新华书店经销
字数150千字　640毫米×960毫米　1/16　12.5印张
2024年10月第1版　2024年10月第1次印刷
ISBN 978-7-5596-7882-9
定价：48.00元

版权所有，侵权必究
未经书面许可，不得以任何方式转载、复制、翻印本书部分或全部内容。
本书若有质量问题，请与本公司图书销售中心联系调换。电话：（010）64258472-800

中文版序
孤独绝望时，有个人来到你身边

很久以前，一个人不幸落入强盗手中，强盗剥去了他的衣服，把他打个半死，扔在了荒郊野外。

这个人无比恐惧，不知道下一刻会发生什么。被毒打后，他每一寸肌肤都在疼痛，身体非常虚弱，无法站起来行走。他赤裸裸地躺在冰冷的地上，自尊就像衣服一样被剥光，他感受到了巨大的羞辱。更可怕的是，在荒野中，四周一片冷清，寂寥无人，一股深深的被遗弃感和孤独感像潮水一般涌来。

尽管身处绝境，但他依然抱有一丝希望，渴望有人经过这里，并施以援手，拯救自己于危难。

突然，他听见远处传来脚步声，并且脚步声越来越近。他看见一个祭司模样的人朝这条路走来，他发出声音："求求您，帮帮我！"

但祭司看见他，没有任何反应，径直从他身边走过去了。

过了很久，有一个穿着很体面的人来到这个地方，看见他后，不理不睬，也径直走过去了。

后来，有一个撒玛利亚人路过这里，看见他便动了慈心，上前用药给他的伤口消毒，包扎好，并扶他骑上自己的牲口，将他带到一个旅店去照料。

第二天，撒玛利亚人拿出二钱银子交给店主，说："你且照料他，如果费用不够，我回来必定还你。"

在上面的故事中，那个被打劫的人感受到的孤独和绝望，并不陌生，我们许多人都经历过。在人生的旅途上，我们常常会遭遇某种猝不及防的浩劫，使我们感到孤立无援，脆弱无助。或许是在工作上遭受了前所未有的失败，前途一片黑暗；或许是在经济困难时，被解雇，陷入财务危机；或许是在感情中被背叛，被最亲近的人伤害。每当这些时刻，我们都可能感到自己被剥光衣服，被遗弃在了荒郊野外，陷入深深的羞辱、孤独、痛苦和无助之中。

在饱尝了被忽视、被漠视，甚至被蔑视的感受之后，我们多么希望有一位撒玛利亚人来到身边，接纳我们，理解我们，帮助我们，给予我们重新站起来的勇气和力量。

英国牧师、作家兼漫画家查德·瓦拉（Chad Varah）就是一位撒玛利亚人，他看到成千上万被生活毒打的人，遍体鳞伤，在无尽的黑暗中无人理睬，无处倾诉，便创立了一个慈善机构，取名撒玛利亚会（Samaritans）。撒玛利亚会给无数心在滴血的人包扎伤口，并将他们带到一个安全的地方。他们用来疗伤的绷带，就是倾听。通过接听24小时不间断的热线电话，倾听那些伤心之人的倾诉，给予他们情感支持，帮助他们走出痛苦和绝望。

撒玛利亚会创立至今已经 70 多年了，是全世界第一家专门提供情感支持和危机干预的志愿者组织。在全球 38 个国家和地区，有 23000 多名倾听者，每 6 秒，就会接听一个求助电话，每年大约倾听 500 万人次的倾诉。每一次倾听，都是一次治愈、一次救赎——

"在孤独和绝望中，有个人静静听你倾诉，这种感觉无法用语言来形容，你会感到内心的创伤得到了抚慰，重新找到了生活的意义。"

"当我感觉世界已经抛弃我的时候，他们的倾听和关怀，让我重新相信了人性和善意。"

"他们的倾听不仅仅是耳朵的倾听，更是心灵的共鸣，这种感受让我流下了感动的泪水。"

"他们倾听我的痛苦，我感受到了被理解和关怀，仿佛在黑暗中看到了一束光，照亮了我前方的路，让我有勇气继续前行。"

"在最黑暗的时刻，我多么希望有一双耳朵能听到我的哭泣。"

…………

倾听的本质就是与对方一起共同体会人类共有的情感，即共情，因此，撒玛利亚会的倾听方法被称为"共情式倾听"。从小到大，很多人、很多书都在教我们如何说话，如何表达，但几乎没有人教我们要如何倾听。倾听的力量被大大低估了。人越是在艰难、黑暗的境地，越需要被倾听。放下自己，倾听别人，建立起情感联结，犹如牵起一条生命线，不仅能给人带来安慰和希望，甚至能够拯救生命。

　　本书凝聚了撒玛利亚会几十年来的倾听方法和技巧，被实践证明为"倾听领域的无价之宝"。共情式倾听并不复杂，任何人都可以学会，也都能将其运用于日常生活之中。仅仅一次共情式倾听，就能与人建立起良好的关系。多年之后，对方可能记不清当时他说了什么、你说了什么，但他永远记得你的倾听给他带来的感受。

　　衷心希望本书能帮助你掌握这种倾听技巧，在与家人、同事、上司、同学、朋友和邻居的互动中，建立信任和情感纽带。**爱因斯坦说："我们说话，只是重复我们已经知道的；而倾听，我们可能学到新东西。"**共情式倾听从来都不是单方面受益，每一个倾听的过程，都是一次心灵的旅行，你陪别人走过至暗时刻，自己就留在了光明里。在这个过程中，你能够看见更广阔的世界，理解更复杂的人性，从而使自己的心灵更加包容和深邃。

涂道坤

目 录
HOW TO LISTEN

序 言　来自克拉伦斯宫的祝愿　　　　　　001

PART 01
第一部分
共情式倾听为何重要

第一章　共情式倾听的力量　　　　　　002
什么是共情式倾听　　　　　　　　　　　004
倾听是治愈之门　　　　　　　　　　　　009
共情式倾听：让你知道你是被在乎的　　　011
听与听见是两回事　　　　　　　　　　　012
枯井里的人和共情式倾听　　　　　　　　013

第二章　倾听是一座桥，连接孤独与亲密　017
建立情感纽带，必须全情投入　　　　　　018
走神时的处理方法　　　　　　　　　　　018
倾听与回应　　　　　　　　　　　　　　019

不评判的意义	020
倾听不分对错	021
你说了什么并不重要	022
说错话也没关系	025
唯一会搞砸的做法	027

第三章　痛苦说出来，就没那么痛苦了　031
面对压力，战或逃？	032
面对压力，我们可以这样去放松	036
倾诉如泄洪，释放心理压力	038
索菲的故事：倾诉的第一步，是不要害怕求助	039

第四章　如何发现有人需要倾诉　043
这些表现，是陷入困境的信号	045
重大人生变故带来的影响	046
伊丽莎白的故事：如何觉察别人需要帮助	050
多关心他人总是好的	054
什么是进一步的帮助	059

PART 02 第二部分
如何倾听,
才能真正帮到别人

第五章　面对敏感话题,我们应该如何去谈　　062
一场有难度的谈话,需要我们准备什么　　062
重视语言的力量　　063
倾听时,先把自己放下　　067
建立在时间上的信任　　069
选择合适的时机和场合　　069
开阔的空间更能让人敞开心扉　　070
询问对方的感受,不会造成任何伤害　　077

第六章　练习倾听,学习说话　　080
"SHUSH"安静倾听法　　080
如何引导对方进行叙述　　085
共情式倾听的最重要因素——共情　　090
维多利亚的故事:讨论问题可以减轻负担　　091
后退一步,倾听才会更有效　　094

第七章　无任务的倾听，反而效果更佳　097

你无须提出解决方案　097

史蒂文的故事：真诚比技巧更能疗愈人心　099

很多时候，陪伴本身就已足够　104

迈克尔的故事：
无任务的倾听，甚至不需要任何鼓励　106

放下自己，倾听才能更有效　110

面对熟悉的人，如何避免为对方解决问题　114

第八章　可以掌握主动，但不能成为主角　118

不要将自己的经历投射到别人身上　118

这些语言一旦出现，
就代表你没有做到共情式倾听　119

避免过多地谈论自己　120

即使面对熟悉的人，也不可能无所不知　122

陪伤心的人聊聊，仅此而已　123

詹姆斯的故事：
需要被倾听，不等于需要接受帮助　124

不要告诉别人该有什么感受　128

恰当的鼓励　129

倾听不应加以评判　130

PART 03 第三部分
帮助别人，也要照顾自己

第九章　帮助别人的实用技巧　　　　　　　134
非常有效的两大原则：调查研究，提前准备　　134
布奇的故事：制订安全计划的重要性　　　　　135
身为倾听者，怎样给对方提供实用的支持　　　137
对倾诉者的实用活动建议　　　　　　　　　　139
侯赛因的故事：
倾诉者可以用一切方式表达自己　　　　　　　142
如何掌握积极倾听的技巧　　　　　　　　　　144
对方不会表达情绪时，你可以这么做　　　　　147

第十章　接纳"不好"，没什么不好　　　　　151
抛开控制欲，让对方自己做决定　　　　　　　151
达伦的故事：让每个人自己选择道路　　　　　152
远距离的倾听，如何发挥作用　　　　　　　　155
琼尼的故事：情感联结——改变结局的力量　　156
给予陌生人以关键支持　　　　　　　　　　　161

第十一章　关照自己，才能更好地支持别人　*163*

渡人，先渡己　*163*

管理自己的情绪和反应　*164*

尝试建立自己的支持网络　*164*

你是倾听者，但也可以是倾诉者　*165*

倾听别人之前，先倾听自己　*165*

制订照顾自己的全计划　*167*

第十二章　永远可以有下一步　*175*

有时候，你可能不是合适的倾听者　*175*

尾声　感谢你的支持　*182*

共情式倾听的模式　*183*

后记　用倾听让世界更好　*185*

序言
来自克拉伦斯宫的祝愿

二十多年来，我一直满怀热情地支持撒玛利亚会，这个慈善机构致力于为那些陷入情绪困境的人们提供援助。这是一个伟大的使命，能够为此贡献一份力量，我深感自豪。

查德·瓦拉先生不仅是一名牧师，还是一位作家和漫画家。他怀着无限的爱心和同情心，创建了一条求助热线，接听所有心灵受困者的倾诉。从1953年11月2日第一通求助电话响起，查德和他的妻子就开始用他们无尽的关怀和耐心，倾听每一个需要帮助的人。

为了能够惠及更多的人，查德先生在报纸上刊登了一则广告，招募懂得"共情式倾听"的志愿者。在那个自杀仍被视为刑事犯罪的年代，这种做法是非常超前和勇敢的。他安排志愿者陪伴来电者，在他们等待心理咨询时，倾听他们的心声。来电者通常会自然地说出内心的痛苦，志愿者则倾心聆听。结果令人惊讶，很多来电者还未接受心理咨询，病情就有了明显的改善。这种治愈的力量，恰恰来自志愿者们无私的陪伴和不加评判的倾听，为来电者带来了无尽的安慰和支持。

如今，撒玛利亚会已拥有超过23000名志愿者，遍布世界各地。仅在英国和爱尔兰就有201家分支机构，每6秒接听一个求助电话。他们24小时不停地工作，通过电话、电子邮件、信函、面对面的谈话和多语种的援助服务，帮助了无数深陷在黑暗中的人们。

我由衷地希望，通过撒玛利亚会，我们每一个人都能成为更好的倾听者。在爱人、朋友、家人、同事处于黑暗和绝望的时刻，能真正地陪伴他们；在他们最无助的时刻，能用真诚的同情心和倾听技巧为他们提供有效的帮助。

——查尔斯三世

共情式倾听
为何重要

第一部分

这世上,很多平凡之人成就了非凡之事。他们全心全意投入,用心倾听,从不打断,从不说教,也不试图改变别人。
他们通过倾听痛苦和绝望,让人走出痛苦和绝望,建立了不世之功。
这些人被称为撒玛利亚人。

——查德·瓦拉,撒玛利亚会创始人

HOW
TO
LISTEN

第一章
共情式倾听的力量

伦敦的一个阴沉午后,保罗独自坐在家中,窗外的灰色天空与他的内心相呼应。在一个月内,他不仅失去了工作,还遭遇了妻子的背叛。这接二连三的打击让他陷入了深深的孤独和绝望。

抑郁的阴影笼罩着他,内心的痛苦逐渐变得无法忍受。他产生了自杀的念头,思忖着:结束生命是解脱这一切的唯一办法。

深夜,保罗站在厨房,看着手中的药瓶,想要结束生命。就在这时,他突然想起了几天前在地铁站看到的一个公益广告,上面写着:"无论何时,无论何地,我们都在这里倾听。"抱着最后一丝希望,他拨打了共情式倾听的号码。

电话接通后,传来了一个温暖的声音:"您好。我是萨拉,您还好吗?"保罗开始倾诉他内心的挣扎和痛苦。萨拉没有打断他,而是静静地听着,偶尔发出"嗯""哦""我在听",让保罗感到自己不再孤单。

随着保罗的倾诉，他的情绪逐渐平静下来。那种被倾听的感觉就像黑暗中的一束光，给保罗带来温暖和希望。他决定重新面对生活。

一次倾听，竟然拯救了保罗的生命。倾听所蕴含的治愈力量，不仅令人惊叹，更让人心生感激与敬畏。

后来，英国著名设计师达伦·霍克斯从保罗和其他获救者的故事中得到灵感，在伦敦切尔西设计建立了一座"倾听花园"，生动展现了共情式倾听不可思议的力量。

花园的入口处被悬挂的混凝土板和尖刺植物所包围。坚硬的混凝土板令人感受到了生活的冷漠和无情，沉重和压迫。而那些尖刺植物，意味着人生之路荆棘丛生，每一步都有恐惧、有伤痛、挣扎、孤独、无助。

往前走，一条小路裂开，深深的裂缝通向黑暗。这种环境让人感到压抑、恐惧和绝望，仿佛陷入了一个无尽的深渊。但就在这绝望的处境中，有急流的水声传出，那水声似哭泣、似呐喊、似宣泄、似痛彻心扉的倾诉。

继续前行，花园的景观逐渐变得柔和开放。沿着路径向前走，是一片美丽的树木和柔和的植被，表现了通过倾诉，人的内心得到安慰与平和。

再往前，路径通向一个下沉的区域，那里有一个雕塑座椅，邀请人们坐下来倾听和倾诉。那氛围不由得让人领悟到：倾听和倾诉是对生命最深的尊重。

花园的深处，矗立着一座女性雕像——"倾听"。她安静地坐在一角，仿佛在倾听经过之人的心声。此情此景，让人想到，**真正的倾听，是心与心的交流，是灵魂与灵魂的相遇。每一次倾听，都是一次生命的重生。**

继续往前，周围的景观变得更加开阔和明亮，植被也变得更加柔和，表达出了心灵的平静和内在的和谐。回头望去，那些曾经显得不可逾越的障碍，现在从另一个角度看去，竟是那么美丽和精致。这一变化，充分说明，通过倾听，内心的负担得到了释放，恐惧和痛苦也被重新定义为一种力量的来源。

倾听花园从挣扎到平静再到救赎的设计，生动表达了共情式倾听所蕴含的强大治愈力。

在生活中，当你陷入巨大的困境，感受到无尽的孤独、痛苦和绝望时，你真正需要的，或许只是一个愿意倾听的人。

什么是共情式倾听

暂停片刻，试着回忆一下，你经常遇到的倾听是怎样的——

是不是对方一边忙着手上的事，一边倾听，甚至还时不时看手机？

是不是他频繁打断你、评判你，随便给你提建议？

是不是他耐着性子听你把话讲完，只是为了发表他自己的看法，或滔滔不绝讲述他自己类似的经历，以及心得体会。

是不是他的倾听总让你感觉他高高在上，你低人一等？

凯特和马克结婚已经五年了，他们的生活平淡而忙碌。凯特是一名教师，马克是一名工程师。最近，凯特感到自己在工作和家庭之间疲于奔命，她非常渴望向马克倾诉内心的感受，希望得到一些理解和情感支持。

一个周末的晚上，凯特终于鼓起勇气对马克说："马克，我最近真的觉得压力很大，工作上的事情让我疲惫不堪，回到家还要照顾孩子和做家务，我感到有点撑不下去了。"

马克正在看电视，他没有转头看凯特，只是淡淡地回答："你可以试着放松一下，多找些时间做自己喜欢的事情。"

凯特继续说："但我觉得每天都被各种琐事压得透不过气来，真的需要你的帮忙和支持。"

马克依然没有移开视线："那你就早点安排好，不要把事情拖到最后才做。"

凯特感到一阵失望和无助，她发现马克根本没有真正在听她说话，也没有感受到她的困扰和需求。她轻轻叹了口气，不再继续这个话题。

现在，再回忆一下，令你记忆深刻的一次倾听是怎样的——

是不是对方在倾听你诉说时，全神贯注、心无旁骛？

是不是他直视着你的双眼,让你感觉到被看见、被重视?

是不是他从不打断、从不评判,从不随便给你提建议?

是不是他让你自由表达你想说的话,让你感到自己被倾听、被理解了?

格洛丽亚是一位年轻的单亲妈妈,她在育儿和个人生活方面感到困惑和压力。她担心自己的行为会对孩子产生负面影响。她在倾诉内心的烦恼时,遇到了心理学家卡尔·罗杰斯——

格洛丽亚:我有时觉得自己是个糟糕的母亲。我很爱我的女儿,但总是担心自己做得不够好。我真不知道该怎么向女儿解释一些事情。她问我关于性的问题,我担心如果我对她过于坦诚,会对她造成伤害。

罗杰斯:你感到困惑,不知道该怎么跟她谈论这些问题,是吗?

格洛丽亚:是的,我不想对她撒谎,但我也不想让她知道太多。她还那么小,我不希望她受到伤害。

罗杰斯:你很关心她,不希望她因为知道太多而受到伤害,同时你也不想对她撒谎,这让你感到非常矛盾,是吗?

格洛丽亚:是的,正是这样。我不知道该怎么办。我感觉自己在这个问题上做得不好。

罗杰斯:你觉得自己在这个问题上没有做好,这让你感到很内疚和不安，是这样吗？

格洛丽亚：对，我真的很想做好，但是我感觉无论怎么做都不对。

罗杰斯：你希望自己能找到一种正确的方式来处理这个问题，但你感到无论怎么做都不对，这让你非常困扰，是吗？

格洛丽亚：是的，有时候我真的希望能有更多的帮助。我感觉自己一个人承担了太多。

罗杰斯：你感觉自己承担了很多责任和压力，有时你希望能有更多的支持和帮助，是吗？

格洛丽亚：是的，我真的需要有人理解我、支持我。我觉得自己在很多时候都很孤单。

罗杰斯：你感到很孤单，需要有人理解和支持你，对吗？

格洛丽亚：对，我觉得有时候我真的是在孤军奋战。我真的希望能有个人在我身边，听我说话，理解我的感受。

罗杰斯：你希望有个人在你身边，能够倾听你，理解你的感受，是吗？

格洛丽亚：是的，就像现在这样，和你谈话让我感觉好多了。我觉得你真的在听我说，而不是在评判我。

罗杰斯：我很高兴你有这种感觉。我确实在听你说，并且我不会评判你。

格洛丽亚：谢谢你，这对我来说真的很重要。我觉得自己能在这里完全做自己，没有任何压力。

罗杰斯：你觉得在这里可以完全做自己，没有任何压力，这让我很高兴。

格洛丽亚：是的，我觉得被理解和接纳了。你真的帮了我很多。

罗杰斯：你感到被理解和接纳了，我也很高兴能够帮到你。

上面的故事中，心理学家罗杰斯在倾听格洛丽亚时，从头到尾，一直在复述对方说过的话，看似啰唆、无用，实际上意义非凡。首先，这能让对方感觉他是在专心致志地倾听，心无旁骛，于是更愿意敞开心扉。其次，他顺着对方的思路，没有打岔，转移话题，而是努力从对方的角度去理解对方的感受，让对方的倾诉层层深入。第三，他复述对方的话，对方从他的口中听见这些话后，会进一步思考自己说过的话，获得自我觉知。在倾听的全过程中，罗杰斯都竭力去理解对方，没有丝毫评判的意味，也没提任何建议，更没有改变对方的意图。

心理学家罗杰斯对格洛丽亚的倾听，就是共情式倾听。它包含了五个要素：全神贯注、不打断、不评判、不提建议、不试图改变对方。这种倾听方式不仅让倾诉者感到被尊重和理解，也让他们在心理上得到了极大的安慰和支持，更能促使交流逐步深入，抵达感受深处。正如卡尔·罗杰斯所说："当有人真正倾听你，而不对你做评判，不试图为你承担责任，不试图塑造你时，这感觉真好。"

可惜，这样的倾听在生活中实在是太少了，很多倾听就像两个人在辩论中争相发言，之所以听对方把话说完，只是为了赶紧轮到自己高谈阔论。共情式倾听与之不同，它像静夜里聆听一场细雨，每一滴都敲打着你的心弦。它更像是一种无声的拥抱，用心去感受对方的每一句话，以及话背后隐藏的故事。它不仅是在倾听对方的声音，更是在倾听对方的感受。艾米丽·约翰逊曾经是一个深陷孤独和抑郁的人，共情式倾听让她走出了困境。现在她也成了一名志愿者，她说："**如果一个人在倾听你的感受，就是在复活你的灵魂。**"

倾听是治愈之门

霍普·弗戈在少女时期就深受神经性厌食症困扰，经过一年的治疗后康复。她发现，在康复过程中，亲友的关心和倾听非常重要。

有一次，霍普在祖母去世后旧病复发，精神上痛苦不堪。对于病情，她羞于启齿，只得憋在心中。她每天早晨去健身室锻炼，接着一路哭着去上班，然后化妆硬撑一整天。晚上又哭着回家。这样的状态持续了几周，她几乎走到了生命的边缘。

就在这时，霍普的姐姐给她打了个电话。电话那头，姐姐的声音充满了关切："霍普，你好吗？"

霍普沉默了一会儿，终于崩溃般哭诉道："我真的很糟糕。每天都在严格节食，疯狂锻炼，但还是觉得自己不够好。每次吃东西都觉得罪恶，我控制不住自己，觉得一切都在失控。我觉得没有人理解我。每天早晨去健身房，我的脑海里只有卡路里和体重。晚上回家，我感到极度疲惫，只能哭泣。我真的不知道还能撑多久。"

姐姐安静地听着，给予霍普空间去表达自己的感受。霍普感受到了一种被理解和接纳的温暖。她决定再去找医生，并开始服用抗抑郁药。

药物治疗让她逐渐恢复。霍普发现，把心中的感受和想法说出来，跟别人聊聊，即使无法根治厌食症，也能帮上大忙。如果她因羞愧避而不谈，掩饰自己的脆弱，负面情绪就会通过行为表现出来，比如极致的节食和限制热量等，甚至会陷入负面思维的恶性循环，直到结束自己的生命。

后来，机缘巧合，霍普成为共情式倾听的志愿者。她积极投入宣传，告诉人们，不要因为担心别人对自己的看法而过度焦虑，要大胆去做对自己有益的事。也不要把"需要跟别人谈一谈"想得太过严肃，普通的聊天或者吐槽也能起到很好的效果。这是很简单的事，任何人都能做到，但我们却总是忘记去做这样的事。

现在，霍普既是倾诉者，也是倾听者，她根据自己的真实经历，总结出了一条心得——只有当你敢于表达自己的真实感受时，内心的重负被卸下，治愈之门才会随之打开。

共情式倾听：让你知道你是被在乎的

对于那些心情低落的人来说，一句"你还好吗？"就像一把钥匙，打开了倾诉和倾听之门。如果身边的人正处于痛苦、压抑或心烦意乱的状态，你的倾听就能发挥很大的作用。

共情式倾听不仅仅是听对方说话，更是用心去理解对方的情感和想法。你需要放下自己的评判，去感受对方的话语。这样的倾听有一种异乎寻常的力量，能让对方感受到你在乎他、关注他、理解他，进而找回自信，找到安慰和力量。

一天放学后，女儿满脸委屈地回到家里，告诉妈妈艾琳娜她在学校被同学排挤。艾琳娜是一位共情式倾听的志愿者，她放下手中的工作，坐在女儿身边，专注地听她倾诉——

女儿："妈妈，今天同学们又不理我了，她们还嘲笑我。"

艾琳娜轻轻握住女儿的手，温柔地说："同学们不理你，还嘲笑你，这让你感到很痛苦，对吗？"

女儿点点头，眼泪开始在眼眶里打转："是的，我感觉他们讨厌我，看不起我。我觉得自己好像哪里都不如别人，好羞愧。"

妈妈轻轻把女儿搂在怀里，女儿的眼泪夺眶而出。过了很久，等女儿停止啜泣，看向妈妈时，妈妈帮她擦掉眼泪，说："如果你愿意，可以跟我说一说发生了什么吗？"于是女儿在妈妈温柔的注视下，倾吐了一天的不快，心中不知不觉轻松了许多。

通过共情式倾听，女儿感受到妈妈很在乎她，很爱她，从中得到安抚，获得了力量。

哈佛大学组织行为学博士、美国著名作家玛格丽特·惠特利说："共情式倾听，是一种如此简单的行为，它要求我们在场、专注、用心。我们不必提供建议或教诲，只需用心去听。这其中的价值不可估量。"

共情式倾听不是机械的反应，而是流动的联结。通过它，我们能与他人建立深层次的关系，并在这种心心相印的关系中获得治愈。

听与听见是两回事

我们每天都在听人说话，但听与听见是截然不同的两回事。

想象你坐在音乐厅内，如果心不在焉，你能听到钢琴发出的音符声音，但如果你全神贯注，就能听见钢琴音符的声音所传达出的悲伤、痛苦或喜悦。**"听"是耳朵的工作，而"听见"是心灵的参与。"听"只是耳朵捕捉到对方的声音，而"听见"则是用心去理解对方的内心感受。前者只是声音的接收，后者是深层次的共情和理解。**

要想"听见"，首先要克制自己想要解决问题的冲动。看到自己关心的人在痛苦中挣扎，我们会强烈地想要帮助他们，可能会提各种建议，会讲述之前遇到类似事情时自己是怎么做的，甚至想要替对方解决问题。有些时候，这种做法并没有问题，尤其是在对方寻求建议时。但更多时候，对方并不需要你的意见，他们需要的是被听见、被理解。你的意见只会让对方更加沮丧，因为你并不知道对方真正的感受，不知道他们经历了什么。你贸然插手处理，会让对方感觉被掌控，非但没帮上忙，还有可能带来负面影响。

共情式倾听能让对方感到自己被听见，与平常的倾听方式相比，这是一种完全不同的倾听方式，需要全神贯注聆听，领会对方的言外之意。正如思想家罗兰·巴特所说："听觉是生理现象，倾听是心理现象。"

我们时时刻刻都在听，但多数时候都是无意识地听广播的声音、街道的嘈杂声、身边人说话的声音等。而共情式倾听是一种选择，需要你主动运用你的专注力、同情心去聆听对方心底的声音，而不是流于表面。

当你放下提建议的冲动，专注于理解对方，你就能听见对方的心声，对方也会感受到你的真诚，更愿意敞开心扉。心理学上有一句名言，看见即治愈——而看见，很大一部分源于听见。

枯井里的人和共情式倾听

共情式倾听中有一个练习令人印象深刻：想象一个深陷痛苦和抑郁的人，他的处境就像掉进一口枯井。他感觉与世界隔绝,没有人看见他、听见他,更没有人关心他的处境。他的心被无尽的黑暗和孤独侵蚀。他努力过、挣扎过,想要从井底爬出来,但所有尝试都以失败告终,最终陷入绝望。

每隔一段时间,他都会用微弱的声音呼喊:"喂,有人吗?你能听见我说话吗?"除了井壁传来的回声,一片死寂,唯一能听见的是自己的呼吸声。但每一次回荡的呼吸都像是绝望的回声。他害怕极了,感觉井底就是死亡之地。

就在这时,一个声音从远处传来:"喂,是你在说话吗?我听到了。"回应之声恰似绝望中的一根救命稻草,激发了希望和求生意志。一位普通倾听者来了,他站在井口俯视井底,倾听他的声音,但时不时会打断,评判说:"你怎么会掉进井中呢?走路时应该专注,不可分心。"当他倾诉内心的孤独、无助和绝望时,普通倾听者又插话:"你不要这样消沉,人都有陷入困境的时候,你应该积极乐观,要有信心,一切都会好起来的。"这些话看似在提供建议和鼓励,但实际上却会让井中人感到被指责和评判,他感觉双方不在同一层面:你高高在上,是个聪明人,而我是个笨蛋,活该掉进井底。井中人会更加生气、自卑和羞愧,更加孤独、痛苦和绝望。他可能会说:"我不想再跟你说话,你一点也不理解我。"然后,井中人关闭了心门,不再愿意倾诉。

后来,共情式倾听者出现了,他的方式与之前的倾听者截然不同。他俯下身体,趴在井口专心倾听,不带任何评判,然后问:"我可以下到井底吗?这样才听得更清楚。"他下到井底,与受困者坐在一起，感受到了受困者的呼吸和心跳，而受困者也感受到了他的呼吸和心跳。他们的心灵产生了共鸣，受困者的孤独、痛苦和绝望也成为倾听者的感受。在这种共情的氛围中，受困者感到自己被真正理解和接纳，不再孤单。

最终，他们一起想办法，获得了救赎。

对倾听者的五点建议：

1.不要拒绝一个想要倾诉的人

被人倾听是很重要的，一个人只要觉得自己被听见了，就会认为自己还有价值，值得别人的帮助。

或许，当别人向你倾诉个人隐私时，你可能会感到尴尬，但尴尬也只是暂时的，请不要因此拒绝对方的倾诉。

2.永远不要觉得自己聪明，别人很笨

共情式倾听秉持的一条基本原则是：相信每个人都知道什么对自己最好。你必须相信，只要他们真的愿意，都能在合适的时间里找到自己想要的答案。你永远无法真正了解别人的想法和忧虑，也无从知道别人适合什么，但你可以通过倾听他们的感受来帮他们梳理情绪和思路。如果想为对方提供最好的支持，你可以表达你的关心和热情，给予对方陪伴。

3.别人是来倾诉的，不是来找不痛快的

还有一点至关重要，就是你要保持开放的态度，不带任何偏见或预判。倾诉者都很敏感，他们能从你的眼神、表情、肢体语言、讲话的语气中感受到你的评断，然后退避三舍，不再向你倾诉。如果你在日常交流中，没有对别人进行过诋毁奚落，没有不经意间点评某人"有点毛病"，那当你身边的人陷入痛苦时，他很可能会选择对你袒露心声。

无论你是作为朋友、领导还是同事，都要清楚，别人来找你倾诉，是想获得理解和支持，而不是来找不痛快的。如果你一通分析，一通建议，再加上一通评判，无异于在他们已经疼痛的伤口上又捅了几下刀子。

4.倾听不需要太多技巧

倾听并不复杂，甚至有时你只需要陪在他们身边，听听他们说话，或者和他们简单地聊聊。

5.让倾诉者决定被帮助的方式

倾诉者不需要你的建议，更不需要你的评判，他们需要你的倾听和理解。如果他们需要具体的帮助，你可以问一句："在这方面，你需要我做些什么来帮助你？"这就能把决定权交给对方，由对方决定是否需要帮助，以及帮助的方式。

第二章
倾听是一座桥，连接孤独与亲密

卡西娅是一位 30 岁的女性，由于过度自卑而患上了抑郁症。她从小生活在一个充满争吵和冷漠的家庭里，父母忙于各自的事业。卡西娅清楚地记得，每次她试图向父母表达她的感受和困惑时，总是被忽视。父亲只会在报纸后面发出不耐烦的"嗯哼"声。母亲则总是心不在焉地说："别在意这些小事，我还有更重要的事情要做。"倾听是表达关怀最具体的表现，没有被认真倾听的卡西娅感受不到父母的关怀和爱，逐渐怀疑自己的价值，最终陷入了深深的自卑和抑郁。

有多少没有被认真倾听的人，就有多少孤独的灵魂。许多孩子长大后都有类似的感受：他们总是被教导，却从未被认真倾听；他们有父母，却感受不到家庭的关怀和温暖。倾听的重要性不容忽视。**心理学家弗洛姆说："人们一旦停止倾听，他们就会失去与他人的真正联系。"**

作为共情式倾听的志愿者，我们深知，**倾听是一座桥梁，连接孤独与亲密**。我们通过认真倾听，让人们感受到关怀与理解，帮助他们重新建立与他人的联系，走出孤独的阴影。

建立情感纽带，必须全情投入

共情式倾听要求我们全心全意关注对方，这等于用行动向对方保证，他们是你生命中这一刻最重要的人。我们不可能一边看手机，一边听别人说话。只有全情投入，才能做到共情式倾听。

如果我们能够全神贯注，努力去体会对方的内心世界和情感，倾诉者和倾听者就能通过交流产生共鸣，建立起一种情感纽带。倾听者把注意力集中在对方的倾诉上，完全接受对方，那么，倾诉者在这种被完全接纳的氛围下，就会更加诚实和开放，更愿意把心灵深处的感受透露出来。这种倾听能够增进双方的理解和信任，达到心与心相通的境界。

但要长时间保持全神贯注倾听，的确不是一件容易的事情，下面这些方法可以帮助我们。

走神时的处理方法

我们大脑思考的速度远胜于听觉，所以我们听别人说话时很容易走神。尤其是在如今繁忙的社会中，各种事物让人分心。但所有的走神都会被对方察觉，让对方知道你没有关注他们，这时我们应该怎么处理呢？

最好的办法是真诚地道歉："对不起,我刚才走神了,没有集中注意力,您可以再说一遍吗?"这样做,对方一般会理解并感受到你的尊重,因为你意识到自己的分心,并主动承认。这不仅表明你一直都在用心倾听,还让对方知道你重视他们的每一句话。这样的真诚会让对方感受到你的专注和关心,甚至有时会被感动,因为他们从未有过如此被专注倾听的体验。

倾听与回应

当你面对面倾听对方时,可以通过眼神交流来让对方知道你在用心倾听,而不是被手机的提示音分散注意力。倾听需要全身心地感受,不仅要捕捉言语背后的情感波动,察觉到语调中的细微变化,留意每一次停顿,还要给予适当的回应,才能建立情感联结。

倾听与回应就像一场优雅的双人舞,彼此在默契中交换心灵的步伐,一点点深入内心的深处。倾听者适时地给予反馈,不是打断对方的思路,而是顺着对方的思路,引导对方说出更多。比如,你可以问:"这一点可以展开说说吗?"通过这样的提问,引导对方深入思考,梳理自己的思路。在某种程度上,倾听就是一直陪伴对方说话,直到对方自己想到解决办法。

有时候,我们需要沉默一会儿,给自己和对方留出消化和思考的时间。如果此时贸然插话,可能会打断对方的思路。最重要的是,倾听者要让对方自己去摸索,找到自己的答案。

不评判的意义

不要评判他人，因为你并不知道他们经历了什么。只有那些从不评判他人的人，才能真正体会到他人的感受和痛苦。

共情式倾听的核心要素之一是不评判。不评判的意义在于给倾诉者营造一个安全的环境，让他们放心说话，进入一个愿意敞开心扉的状态，表达最真实的自我，而不用担心被评判。这是他们在其他任何地方无法得到的感受。

伊莱诺·海斯是一位诗人，也是位经验丰富的共情式倾听志愿者，他在《走出评判》这首诗中写道——

放下评判，
你将获得自由。
评判是灵魂的枷锁，
让我们无法真正看到彼此的美丽。

在爱的眼中，
没有对错，
只有灵魂的光芒，
在闪耀和成长。

当我们停止评判，

心灵将变得轻盈，

如同飞鸟，

在自由的天空中翱翔。

学会宽容，

你将发现，

每一个人都是

一座未曾探索的宝藏。

让我们用心去感受，

而不是用眼去评判，

在这片无限的爱中，

找到真正的自己。

倾听不分对错

不评判是对倾诉者的接纳和尊重，但很多时候，倾听者本身也有顾虑和困惑。面对伤心的人，我们往往不知道该说什么、不该说什么，生怕一不小心说错话，或者担心自己没能力应对对方的情感。有时我们甚至觉得，倾听别人的内心感受，就像捅了马蜂窝一样，会带来无尽的麻烦和不安。无论是对朋友、家人、爱人还是同事，我们都有这样的担忧。

倾听的氛围并不总是轻松的，有时甚至会很紧张，但这是正常的。不要害怕问对方有什么感受，不要怕犯错，因为共情式倾听是一个超越对错的方式，正如鲁米在一首诗中所写——

有一片田野，它位于
是非对错的界域之外。
我在那里等你。
当灵魂躺卧在那片青草地上时，
世界的丰盛，远超出能言的范围。
观念、言语，甚至像"你我"这样的语句，
都变得毫无意义可言。

共情式倾听意味着双方要抛弃所有的评判与期待，所有的犹豫与顾虑，所有的对错，彼此完全敞开，共同体验当下的存在。这是人类最深层次的交流，是真正的灵魂相遇。

你说了什么并不重要

> 我发现别人会忘记你说过的话、你做过的事，但他们永远会记得你带给他们的感觉。
> ——马娅·安杰卢，诗人

有时，有些对话真的很棘手，让人不知道该如何开口。我们害怕去问别人的感觉，是因为担心自己会说错话或者帮倒忙。但是，不要担心，帮助一个身处困境的人，并不需要你是受过专业训练的心理健康专家、咨询师或心理治疗师。你可以学习心理健康的相关知识，了解大家在人生某些阶段都会遇到的问题，以及遇到问题时会有哪些表现。你可以练习倾听的相关技巧，怀着恻隐之心和同情心与他人建立情感联结，给予他们陪伴。

你要相信，对于想要得到帮助的人来说，站在（或者坐在、走在）他们的身边，只需要说"好吧，我们一起坐下来聊聊"，就能够给他们的生活带来翻天覆地的变化。

想象一下，当你得知你的朋友进入抑郁状态已有一段时间并且不知道要怎么处理，你可能会很震惊，因为你觉得自己怎么会没发现，或者这位朋友看上去没什么异常，还常常开玩笑，和朋友们嬉笑打闹。当朋友突然流露出无助、绝望的情绪时，可能会让你惊讶得说不出话来。没关系，这是很正常的。你可以直接说："很抱歉，我不知道应该说什么。"或者："听起来你很难受，我完全不知道你的感觉是这样的。"你还可以说："很抱歉，我不知道你有这种感觉，我需要些时间来消化，现在不知道应该说什么，但我想陪着你。"

在一段高质量谈话中，应该是让人感到自己被倾听，即使事后不记得详细内容，人们也能记得当时的感觉。那些给倾听热线打来电话的人们，有各种各样的痛苦，从焦虑、无助到绝望。他们可能会哭、会喊，直到把心中的苦闷倾吐干净。对于那段经历，他们往往不会记得通话的细节，但会记得当时的感受——那是一种很安全的感觉，就像被人拥抱着，或是有人搬开了压在自己身上的千斤重担。

如果你结束了一段紧张、情绪化的对话，却觉得没能达到预期效果，也无须沮丧。对于棘手的谈话，本来就没有所谓的完美之法，只要你表达出了同情之情，确保对方知道自己并不孤单，可以获得更多的帮助，你就已经发挥出了极大的作用。如果谈话之后，你觉得对方仍然情绪低落，你可以建议对方寻求进一步的专业帮助，比如联系心理咨询师，或者根据具体情况寻求更有针对性的途径。

你可以试着这样说：

- 你有跟其他人说过这件事吗？
- 你需要帮助吗？
- 你想要我帮你看看还能获得哪些支持吗？
- 你想要我跟你一起去吗？

对于那些看上去不太愿意寻求进一步帮助的人，你可以说："有没有你信得过的人可以帮到你？"或者："如果有需要，你可以跟我谈谈，任何时候都行。"记住，你不能强迫任何人去寻求帮助，他们需要自己先做好准备。你想帮的那个人，或许并不想要进行常规的心理咨询，而是想进行药物治疗，或者想去找有相同经历的互助群体。通常来说，比起去与专业人士谈话，和身边的人聊一聊能让人更加舒畅。你没法强迫别人敞开心扉，但是，你可以让对方知道你愿意听他们倾诉，这种态度可能会改变他们的想法，让他们在不久后吐露心声——或许是对你说，或许是对其他人讲。

说错话也没关系

正如心理学家威尔弗雷德·拜昂所说，与来访者的每一次咨询谈话都要不论过往、不带期望。这让人想起了共情式倾听所倡导的——没有任何议程，只有一个目标，那就是陪伴，就在那段特定的时间，专注地倾听。

在一场谈话中，最好、最有用的反馈莫过于以下这些：

- 对于你来说，那意味着什么？
- 跟我说说你的经历吧。
- 你认为那是怎样的？
- 那让你有什么感受？
- 那对你有什么影响？

即使对某些情况不甚熟悉，你也可以通过这些问题让对方知道你在认真倾听。并且，这些问题不仅能帮助你理解对方，还很可能帮助对方理解他们自己。

留心观察，表达关心，是我们可以做到的两件事。在日常生活中，如果发现身边的人表现反常，或者看上去心烦意乱，我们有必要主动发起类似上述的谈话。如果你担心自己的话会让事情变得更糟，只要说一句"如果你想说，我就在这儿听"就已经足够表达你的关心了。别小瞧这句话，真诚的关心是非常重要的，能发挥惊人的力量。这种时刻，确实需要些敢于迎难而上的精神，其实，就算你判断错了，或者对方不愿意谈，于你而言也不会有什么损失。

我在倾听热线接听来电的时候，从不担心自己说错话。这并不是我狂妄自大，而是因为我知道自己极有可能会在某个时候说错话。事实上，并不存在什么"对的话"，但如果我一直担心自己说错话，那就永远不会开口了。我们是人，是人就会犯错，关键在于能否虚心改正并告诉对方："对不起，我刚刚理解错了你的意思，我们重新谈一次吧。"或者："我好像说了让你难过的话了，这是我最不愿意见到的事情。对不起，我们能重新开始吗？"我真心觉得，如果以开放的心态去倾听，通常也不会理解错误，一切的重点在于真诚。

要成为共情式倾听的志愿者，有同理心是必备条件，有勇气是最低要求。我会鼓励所有人在留意到别人难过时，都勇敢地问问对方是否还好。如果什么都不说或假装什么都没看到，或是一厢情愿地希望事情自然会变好，甚至以"我可不想把事情弄得更糟"为理由让自己置身事外，这些看起来容易的选项，才恰恰是错误的选项。

唯一会搞砸的做法

说到让情况变得更糟糕，确实有一种做法会起到这个效果，那就是一直说自己的事情，而不是让你的朋友、伴侣或者其他人说出他们想说的话。

比如你的朋友告诉你，他与自己的伴侣分手了，而你的第一反应是告诉他你之前也有类似的遭遇。虽然对方能理解你的本意是想拉近距离，让他觉得没那么孤独，但你要明白，很多经历或许表面看上去很相似，终究还是不一样的。所以，不要让谈话的主题变成你的经历回顾，而是更应该关注对方的现状。

在接听热线时，我们不会跟来电者讲述自己的经历，即使对方问了，我们也不会说，因为这样做对他们毫无助益。而与朋友或熟悉的人聊天时，我们会很容易谈论起自己的经历，因此我们必须记住，此刻最重要的事，是要让对方把自己的情况都说出来。

当然，对于有些人而言，需要推一把才会说出真心话，这时候互相分享自身经历也是有必要的，但前提是我们要知道为什么这么做，并且清楚要达到什么目标。有时分享确实能对谈话起到积极作用，让对方发现你们有共通点，而且，听到你的心里话，看到你表露自己的软弱，也能让对方产生安全感，进而与你推心置腹。

不过根据我的经验，在大多数情况下，接听来电时最明智的做法就是闭嘴，保持倾听，保持沉默。让来电者自己打破沉默，其实是让他们填补自己思路上的空白。在某种程度上，这是他们在与自己对话。我不会说"这样做""试试那个""我认为这样做很有用"，因为对方基本不会重视这样的话。对他们来说，重要的是自己找到前进的路，而我们只提供辅助方法，这并不需要什么高深的学问，重点在于知道什么时候保持沉默。

撒玛利亚会的倾听建议

倾听的时候要注意，不要预判对方的想法或反应。即使你很了解对方，也不会完全知道他们的真正感受，因此要以开放的心态倾听。现实中有太多不幸，亲友离世带来的悲痛，或者被裁员、被虐待，又或者成为犯罪受害人，这些都会使人做出反常甚至出人意料的反应。有些人，即使正在经历生命中的重大变故，仍会表现得若无其事，但这时如果出了什么差错，哪怕只是很小的事情，也会让他们感到绝望。无论是重大的人生事件，还是糟糕的日常一天，倾听的本质就是与对方一同体会人类共有的情感，确认我们能否为他们提供支持，能否认真对待他们的痛苦，给予他们需要的时间与空间，让他们可以用自己觉得合理可行的方式厘清现状。

——马特，撒玛利亚分会主管

友善的作用常被严重低估。友善不仅能让人知道你理解他的需求，还能对其起到安慰作用。友善能展现出同理心和人性关怀，带来群体归属感，而这些感受对我们的心理健康非常重要。

对自己友善同样也很重要。尤其是在如今这个竞争激烈的世界中，我们要给自己喘息的机会，对待自己宽容一些。不管别人怎么评价，我们要知道自己已经足够好了。

犯错是学习的必要过程。我常常会因为犯错或者判断失误而感到焦虑。我的处理办法是直面错误、承担后果，然后原谅自己只是一个普通人。

——朱莉·沃尔特斯，撒玛利亚会形象大使

第三章
痛苦说出来，就没那么痛苦了

在生命的各个阶段，我们都会经历精神状态的起伏，有可能从状态良好跌入低谷，甚至出现情绪问题。有些人可能会被诊断出精神障碍，例如强迫症、双相情感障碍、精神分裂症等，因此他们停留在苦恼、困惑等状态中的时间也就更长。还有些人可能遭受了意外或者经历了负面的事件，导致他们出现情绪问题，变得忧心忡忡、郁郁寡欢，出现失眠等情况。

这些情绪问题，皆是因为在极度压力下分泌的压力荷尔蒙没有及时排解出去才导致的，又被称为"压迫性情绪"。这种情绪如同压在心头的巨石，令人无法呼吸。通过倾诉，我们可以释放这些压迫性情绪，让心灵得到舒缓。正如很多倾诉者说的那样："痛苦说出来，就没那么痛苦了。"

面对压力，战或逃？

了解倾听背后的神经学理论，知道为何把感受说出来才是最佳选择，这是非常有意义的。

从神经学的角度来看，大脑的感受区域是很原始的。无论从身体还是精神层面，当我们对危险有所感知时，用"战或逃"这种应激反应机制来进行处理，起到的作用往往实用而高效。

这些都源于杏仁核，它是大脑中间呈杏仁状的一小块区域，又叫"情绪脑"，在情感处理、情绪反应和行为调节方面都起着关键作用。当感知到压力、威胁和紧急情况时，杏仁核会发出反应指令刺激你的神经系统，这时你的身体会分泌出肾上腺素，让你变得更强、更快，帮助你远离危险。

这种激素激增能带来躯体感觉，包括肠胃翻腾、血管扩张、肌肉紧张等。你可能会发抖、脸色发白或发红，还会口干舌燥。但实际上，血压上升、心跳加速为你的肌肉提供了足够的氧气和糖分，血液流动加速你的排汗，大口呼吸让你的双肺换气作用增强。

"战或逃"这种应激反应机制是人类祖先的必备技能，他们在打猎或者逃命的时候需要额外的气力。如今的我们，在面对挑战或困境的时候仍然需要这种气力，比如运动员准备赛跑的时候，或者消防员进入火场的时候。不过，如果你不参加运动比赛，也没有急需拯救的对象，这套反应机制是否会停摆？

事实上，同样的应激反应也会因为情绪问题而产生，而非仅限于躯体活动。出现情绪问题的时候，我们的身体会采用同一种反应机制。

简单地说，有坏事发生的时候我们会触发应激反应，做出要逃跑的举动，这时应激反应就相当有用。应激反应还能在面对困难时帮我们渡过难关：比如促使我们每天按时起床，一步一步往前推进，完成所有需要做的事情。然而，这并非长远之计，肾上腺素是在"战或逃"的机制之下产生的，而当这种激素消散时，我们会仿佛经历了一场战役，突然就感到精疲力竭、能量尽失。

大多数时候，我们能够自行调节，就像保险丝自动跳闸能保证房间的安全一样。但有时，应激反应会一直出现，就像保险丝坏了无法自动跳闸一样，一旦应激反应机制难以切断，就会引发焦虑、恐惧、抑郁或攻击性等问题。还可能会出现感知扭曲，一方面感觉自己完全失控，另一方面又妄图通过极端的控制来改变失控感。当这些情绪问题反复出现，并同时伴随躯体反应，这种症状就被称为惊恐发作。

压力之下，我们该如何获得幸福感？语言交流，往往能在这方面起到重要作用。有了语言，我们就能给情绪归类，能清楚地描述出情绪，能让大脑冷静下来，从情绪模式转换到思考模式。一旦大脑启动思考模式，我们的无措感就会得到缓解，并开始寻找解决方案。这也是共情式倾听能充分起效的原因：我们安静倾听，求助者畅所欲言，这能帮助他们建立合理的信念，最终得出自己的结论。

专家指导：压力对大脑的影响

UKCP（United Kingdom Council for Psychotherapy，英国心理治疗委员会）心理治疗师德怀特·特纳博士

压力会影响大脑中的化学物质。杏仁核分泌压力激素，即皮质醇和肾上腺素，会影响我们的身体和思考模式。无论诱因是一只凶猛的狗熊还是一份逾期账单，都会触发同样的应激反应，产生压力激素。压力激素分泌出来后必须排解出去，得不到排解的压力激素会积聚起来，让我们感到不适，而这种不适又会触发应激反应，促使人产生更多的压力激素，陷入恶性循环。

长时间持续地处于应激状态会影响我们的大脑功能和思考模式。杏仁核突然分泌大量的压力激素，会使大脑的前额叶皮质层（大脑负责认知思维的部分）暂时关闭，神经活动集中在杏仁核和原始脑周围，迫使我们的身体进入求生模式，使得我们的力量激增，但也让我们无法进行理性思考。

当原始脑起作用，理性思考就会减少。通过"战或逃"的机制，身体会优先应对生存问题，而大脑的理性思考模式和语言结构功能则会停止。为了不危及性命，我们必须通过休息和锻炼来解除持续的应激状态。

长期的压力会让前额叶皮质层的活动持续减少，让杏仁

核增大，这又导致大脑其他负责理性思考和计划的区域缩小。大脑是具有学习能力的，如果你每天花八个小时弹吉他，那大脑中主管你弹吉他能力的区域就会变大。如果你每天花八小时惦记着压力，主管压力的区域也会相应变大。也就是说，长期处于应激状态会影响大脑的大小、功能和结构，甚至会影响个体的遗传特征。

如果大脑发现你处于压力状态，就会分泌皮质醇（肾上腺皮质分泌的一种激素，是机体应激反应最重要的调节激素），让你的身体时刻做好准备去行动。当皮质醇的分泌量增加，海马体（大脑控制情感的部分，参与推理、记忆、压力控制等活动）的电信号则随之减弱。也正因为海马体的活动减少，你对压力的控制也会减弱。长期的压力还会导致海马体中的脑细胞生长减少，降低你的学习、记忆能力，甚至会为患上如抑郁症、阿尔茨海默病等疾病埋下祸根。

但好消息是，运动、休息、冥想，包括倾诉等简单的活动就可以减少身体中的皮质醇，有助于逆转压力带来的影响。

面对压力，我们可以这样去放松

就我的经验来说，箱式呼吸法和肌肉放松法是减轻压力很有效的两个方法，并且十分容易操作。下面，就让我们来了解一下。

1. 箱式呼吸法

控制呼吸是一种很有用的技巧，可以让人快速恢复平静，减少压力感和焦虑感，其中箱式呼吸法在减压方面效果尤其明显。呼吸技巧实施起来并不复杂，可以随时随地进行，而且没有时间限制，你还可以将其分享给需要的人。

下面是箱式呼吸法的所有技巧：

- 吸气四秒钟。
- 屏住呼吸四秒钟。
- 呼气四秒钟。
- 等待四秒钟，然后再吸气。

重复这一套动作，直到自己的心情逐渐平复，过程中可以留意自己心理和生理上的变化，比如想法的转变或者心跳的减慢。

存在焦虑和压力问题的人,很可能知道自己产生负面情绪的诱因是什么,因此,当面对或即将面对这些诱发事件时,就可以开始运用呼吸技巧了。

2.肌肉放松法

完成一次肌肉放松训练大约需要五分钟,但这个时长不是固定的,你可以根据自己的实际情况进行掌控。尝试过的人普遍表示,这是一种能让自己恢复平静的有效方法。

肌肉放松法需要你按顺序渐进式地放松自己的肌肉群。在放松的同时,你还要想象紧张感正从你的身体中散去,这样做能让效果加倍。你需要在安静、不受打扰的环境中训练,才能达到良好的效果。下面就是肌肉放松训练的几个步骤:

- 找个地方坐下或躺下,双脚平放在地上,双脚打开与肩同宽。
- 用鼻子深吸一口气,屏住呼吸几秒钟,然后用嘴慢慢呼气。
- 尽量把注意力集中在自己的身体上,留意自己的身体是否有感觉,整个过程中保持缓慢、平稳的呼吸。
- 如果发现自己走神,不用沮丧,平静地将注意力重新集中到自己身体上。
- 从头部肌肉开始训练。吸气时抬起双眉,绷紧额头肌肉,保持 10 秒钟。

- 然后放松，呼气的时候想象紧张感正在流出身体。
- 休息几秒，然后再进行下一组肌肉的放松训练。从面部其他肌肉开始，接着到脖子、肩膀，再到双臂、胸部、腹部、双腿、双脚，从上到下，全身都要进行训练。
- 完成训练后不要马上站起来，保持原来的姿势大概一分钟，然后再慢慢起身。

只要发现自己出现压力或者焦虑问题，就可以运用以上技巧进行放松，同时，如果你留意到身边人很难放松下来，也可以把这些训练方法分享给他们。

倾诉如泄洪，释放心理压力

倾诉如同开闸泄洪一样，是排解心理压力的一种重要途径。从神经科学的角度来看，主要通过以下机制实现：

1. 减轻应激反应。杏仁核是大脑中处理情绪的核心区域，特别是与恐惧和焦虑相关的情绪。当人们倾诉内心的烦恼和焦虑时，这种情绪的表达和释放，有助于缓解由杏仁核引发的紧张和压力反应。

2. 激活副交感神经系统。在倾诉的过程中，特别是在得到理解和支持时，身体会进入放松状态。这会激活副交感神经系统，降低交感神经系统的活动，从而减少压力激素（如皮质醇）的分泌。研究表明，副交感神经系统的激活有助于降低心率、血压和其他压力反应。

3. 社会支持的作用。通过向朋友、家人或心理咨询师倾诉，人们能够获得情感上的支持和共鸣。科学研究表明，社会支持可以显著减少压力感，提高个体的心理韧性。积极的社会互动会刺激大脑分泌内啡肽和催产素等化学物质，这些物质有助于中和并降低压力激素的水平。

4. 认知重构。倾诉不仅仅是情绪的表达，还能帮助个体重新审视和理解自己的问题。通过与他人交流，个体可以获得新的视角和解决方案，这种认知重构过程有助于减轻心理压力，降低应激反应。

索菲的故事：倾诉的第一步，是不要害怕求助

索菲成长的过程，就是一个不断求助的过程。也正是因为她敢于一次次开口求助，所以她才最终摆脱了困扰，迎来了命运的转机。

从 7 岁开始，索菲就出现了各种焦虑症状，但那时她尚且年幼，并不懂得发生了什么。一直到上了大学后，她内心的焦虑达到了顶峰，于是，在大学一年级的暑假，她向两位朋友坦白了自己的感受。索菲回忆道："我当时觉得时机很合适，我需要支持，正好我和他们一起度假，于是我就向他们

求助。当时他们就说'没事，回学校后我们就陪你看医生，总能解决的'。"

然而那个暑假，索菲依然不好过。她的症状严重到每天醒来都觉得自己无法熬过接下来的大学生活。她原本并不想告诉父母，但考虑再三，她还是给他们发了一条短信："我现在很痛苦，我觉得我需要帮助。"

父母对她的求助反应很迅速，他们在结束了当天的工作后，就马上和索菲进行了谈话。他们感谢她能够分享自己的感受，也都向她表达了自己的支持。他们还帮她预约就医时间，提出陪她去见医生，但也接受了她想让朋友陪她去的这一选择。

在医生那里，索菲被诊断为患有焦虑抑郁症，但并没有将她列入心理咨询的等候名单，只告诉她要多熟悉这方面的知识，可以的话多找人聊聊。开学后，因为一场糟糕的恋爱，索菲的情况更加恶化。"我觉得自己一点用处都没有，我甚至没法在课堂上站起来讲话，我怀疑自己大学毕业之后还能不能找到工作。"她这样说道。而此时的索菲，决定再次求助。

索菲再次去看了医生，并且终于被列入了 CBT（Cognitive Behavioral Therapy，认知行为疗法）的等候名单，但等待时间长达七个月。漫长的等待无异于煎熬，于是，索菲拨通了共情式倾听的咨询电话。

这次通话大概持续了一个小时，索菲只是把所有事情都说了一遍，但通话之后，她感到自己简直像卸下了千斤重担。

"他们从来不会说'你应该这样做，你应该那样做'，而是会问：'你想怎样渡过这次难关？你打算如何帮助自己？'这样的提问，相当于教会我梳理自己的想法，自己走出困境。"这次通话完全改变了索菲，接听员仿佛能理解她的感受，并提醒她要渡过难关有很多办法。

仅仅一次倾诉就能起到那么大的作用，这也让索菲再次建立了信心，她觉得自己可以做到完全的坦诚，也发现自己所需要的，就是有人能这样听她讲话，没有任何建议，只是好好倾听。正是之前一次次勇敢求助，让索菲在不断尝试和筛选后，最终找到了适合自己的路径。

对于勇敢求助，索菲有这些建议：

1.不必掩饰自己的真正需求

你完全可以告诉别人，你只是想和他们谈谈，只是想要确认自己拥有他们的支持，并不是需要马上得到他们的帮助，或者根本不需要他们的帮助。对于索菲而言，她从来都不想听到类似"你为什么不换个环境或找份工作"这样的建议，她只是想得到他们的支持，而不是听他们评判自己所做的选择。而谈话中，倾诉才是最关键的一点。

2.在倾诉前打好招呼

可以事先发条短信，告诉对方你想跟他们聊聊，让他们有时间准备，也让自己调整好面对压力所需的应变能力。

3.学会列清单

列清单对很多人都很有用，在谈话前，将自己的感受逐一写出来，能知道自己想表达什么。而且，相当数量的人每天也是通过列清单来安排活动的，即使写下的只是洗澡、看电视、暂停社交媒体或在某个时间散步这样的小事。

4.让别人知道你的现状，能让你更有安全感

不要害怕坦白自己的现状，因为在这之后，当你再说出"我今天感觉不太好"的时候，别人就会明白你的意思，你也就不需要因此而尴尬。知道自己正在经受的困难被人理解、接受，能让你更容易地应付各种问题，让你感受到更多的支持，并在真的需要帮助时向别人勇敢求助。

第四章

如何发现有人需要倾诉

我们的状态时好时坏，这是身为人类无法规避的一点。大到性格、生活压力、社交活动、亲友关系，小到起床气这样的琐事，都能让我们时不时地疲惫不堪。在生命中的不同阶段，我们会体验不同的心理过程，状态在心理健康谱系中上下游走，我们或许会从"精神振奋"（flourishing）到"平和淡然"（moderate），再到"意志消沉"（languishing）。上述概念最先由美国心理学家科里·凯斯提出，而其中"意志消沉"常常用于描述那些可诊断为心理异常的表现。

你和身边的人可能都有过这样的经历，在日常生活中，当各种麻烦事如滚雪球般堆积时，会让一些平时小菜一碟的事，也突然变得艰难无比。有时，三四个负面事件可能会同时发生，比如与朋友争吵、工作中与人起冲突、在经济上有压力、与家人的关系陷入紧张等，这些事情单独出现时都很好处理，但一起出现就会把人压得透不过气，或者处理起来难度陡增。

那么，要如何判断别人是否遇到了这样的困境呢？

根据共情式倾听的经验，让人们生活陷入困苦的，一般是债务等经济问题、失业、工作压力、家庭问题和孤寂感。首先要明白的一点是，并不是每次别人陷入困难的时候，你都能发现蛛丝马迹。情绪上的压力是很难识别的，即使是伴侣或朋友，要分辨出他们是否正承受痛苦也并不容易。尤其对男性而言，即使生活出现困难，他们也不愿意说出来，不想自己的问题成为别人的负担。不过，每个人都有自己应对压力的方式，这些就是能提供线索的蛛丝马迹。

有的人会比平常吃得更多，有的人则吃得更少；有的人看上去明显情绪低落，有的人则会用玩笑来掩饰；有的人性欲会增强，有的人则会丧失性欲。你要找的，不是某个具体的表征，而是异于对方正常行为的那些显著变化。如果一个人平时外向热情，而今却变得内向冷淡（反之亦然），又或者平时很愿意做的事情，突然就不做了，那可能就是出问题了。这些异样你通常都能识别出来，要相信你的直觉。

一年中的某些特定时刻，人们的孤独感会比平日更甚。比如圣诞节的时候，大部分人都忙着和亲友团聚、交换礼物、参与各种热闹的社交活动，大家似乎都很喜悦兴奋，但实际上，对于相当数量的人而言，这样的节日场合会引发自己内心更大的焦虑。比如，当重要的亲友离世后，每年的生日、周年纪念、假期或者节庆活动等这些特殊日子里，心中难免会感受到巨大的压力，从而引发强烈的情绪波动。在这种情绪下，即使是平时看来微不足道的小事，都能引起激烈争吵，因此要特别留心。

这些表现，是陷入困境的信号

当一个人陷入困境，可能会有以下这些表现：

- 无精打采，看上去特别疲倦。
- 焦躁不安。
- 爱生气，具有强烈的攻击性或防备心。
- 容易落泪。
- 不想与人交谈或交往。
- 不与朋友、家人联系。
- 不愿意回复消息。
- 生活习惯发生变化，例如在睡眠、进食方面比平时更少或更多。
- 对平时喜欢做的事情缺乏兴趣。
- 不喜欢自己，不爱护自己，或觉得自己无关紧要。
- 做事情比平时更冒险，或者有伤害自己的倾向。
- 连简单的日常事务也应付不了。
- 异常笨拙，容易发生事故。
- 用酒精或药物来应对情绪。

如果你发现某个朋友的社交活动减少了，或担心某位没有上班的同事是不是出了问题，又或者留意到伴侣异常地疲惫、少言，和你的沟通也不同于往日，这时候，你该怎么办？

别有顾虑，这时候你应该大胆地过问："希望你原谅我的冒昧，但你看上去确实有点不在状态，你还好吧？"大部分人会本能地回答："我没事。"但你可以接着说："好的。但如果你需要，我愿意跟你聊聊，或者听你讲讲最近过得怎么样。我会陪着你。"

这样的语言，往往能让对方感到安慰，知道自己被人关心并且被接纳，这也是他们打开心扉的第一步。

重大人生变故带来的影响

读懂别人的感受并不容易，更何况有些人会故意克制自己，不让自己出现上面提及的那些表现。每个人的情绪表现本身就会不同，如果你和你关心的人并不经常见面，那就更难觉察了。但是，有一点十分重要且有迹可循，那就是一些重大变故必然会对情绪造成影响，例如下面这些：

- 人际关系和家庭矛盾。
- 痛失亲近的人，比如亲友的离世。
- 经济方面的困境。
- 工作或学业上的压力。

- 孤独、被人孤立。
- 抑郁症。
- 因疾病引起的身体疼痛或残疾。

上面列举了堪称重大变故的各类情况，你可以留意身边那些可能正在经历这些生活巨大转变的人，这些转变会引发他们新的、矛盾的情绪。大多数情况下，熬过这段转变期，人就会振作精神，沉下心来适应新常态。一些改变或许还能带来积极的结果，例如个人的成长和新机遇等。但是，适应变化是非常困难的，尤其是那些自己无法左右的变故，更会让人焦虑、倍感压力。如果出现了上述情况，人与人之间的关心和照顾就尤为重要。而如果你留意到身边的人有不同往常的表现，就需要多花点时间去看一看或问一问，以确定他们是否还好。

有时候，你能从别人的言语中听出他们是否在痛苦挣扎。留意那些消极的话语，比如对自己感到失望，觉得自己一文不值，或者内心绝望、无助等。他们可能会说自己被困住了，内心有着无法摆脱的想法和感受，又或者努力在逃避外部世界。

此外，他们的言语、短信或者社交动态中也可能会有些引导性的表述，例如"你肯定不知道我经历了什么"，或者"好像全世界都在跟我作对"。他们对自己可能还会有些消极评论，比如"没有人爱我"，或者"我的存在就是浪费资源"。为了掩饰真实感受，他们说这些话的时候还经常会假装自己是在开玩笑。然而，他们以上的表达，就是希望能有人听出他们的言外之意，能进一步问问详细情况，这样他们就能说出自己的感受了。

　　当然，状态不好的时候，每个人的表现都不一样，并不是每个处于困境的人都会说出以上那些话。事实上，有些人会比平常说话更少，完全不发社交动态或者信息。如果你发现了某人的异常，为之担心，想确保是否一切安好，就可以通过平时的沟通方式了解情况。

专家指导：这些细节，都是反映情绪的晴雨表

UKCP心理治疗师安迪·瑞安

在听别人说话的时候，留意他们说话的语气以及整体状态。如果有持续的情绪低落、沉默寡言或出现冒险行为等情况，那就有必要进行沟通了。同时，也要留意那些积极的迹象，并给予及时回应，如果向对方提问，要采用开放式问题。

另外，可以留意对方是否对生活中的事件变得麻木或越发不敏感。一旦确认有异，就证明对方需要家人或朋友提供更多的支持，或者在已有治疗师治疗的情况下增加面谈次数。

而在工作场景中，如果有人突然长期缺席社交活动，或者对于"你还好吧"这类问题十分排斥，这些迹象也证明他们正在经历着困境。

伊丽莎白的故事：如何觉察别人需要帮助

在致电倾听热线前，伊丽莎白一度陷入抑郁。因为一场严重的车祸，她不仅精神遭受重创，还丢掉了新工作，这让她的思想开始失控，甚至给亲近的人准备好了告别邮件，只等着最后时刻摁下发送键。

家人和朋友们却先一步捕捉到了异样信号，他们发现伊丽莎白有了种种变化。以前，她总喜欢在亲友群里发段子、开玩笑，现在却变得越来越安静，以至于完全不发言了；以前，她通常每隔几周就会和朋友们出去游玩，现在则不断找借口推脱，或者直接拒绝。即使她偶尔和朋友在一起，也不像往日那样开朗了。

一些亲友开始对伊丽莎白表达关心，这极大地鼓励了她，她开始开口倾诉，向外求助，而其中一个最重要的决定，就是向共情式倾听打了电话，这可谓是她给自己内心解压的一个重要途径。后来，她还开始积极接受专门的心理辅导。

伊丽莎白感到自己很幸运，因为亲朋好友捕捉到了她身上的异常信号，并且没有坐视不理。通过这次经历，伊丽莎白明白了一件事，身边那些爱自己的人们，他们在迈出第一步时也是相当困难的，因为他们很可能要面对一次棘手的谈话。情绪有困扰的人，有时会令人觉得很难接近，人们可能不知道应该说什么，或者担心自己没法很好地回应对方说的话。伊丽莎白记得自己被迫停止工作的时候，很多人都感到难以置信，但只有几个人联系她询问情况，后来她发现，其他人之所以没有联系，是因为他们不知道该说什么。

很多时候，我们并非没发觉对方的不对劲，却由于对坦率的谈话感到紧张，而迟迟无法开口。其实我们说什么并不重要，哪怕发短信说一句"很挂念你"，也能让对方明白有人在重视着自己。有时候，就是这样一个小小的举动，就留下了一条珍贵的生命。

一句简单而真诚的问候，对于困境中的人意义非凡，而且这种作用能持续很长时间。伊丽莎白就是这方面的受益者，她逐渐发现，和别人针对一个问题进行讨论，能帮助自己以不同的方式感受和看待事物，有时，听听别人的观点真的挺好。"对于别人的话，你可能会产生共鸣，让你换个角度思考，而不是任凭情绪泛滥。"伊丽莎白说，"有时候，得到安慰是件好事，能提醒我不要过于担心。家人和朋友比任何人都了解你，这有助于形成不同的观点。但我发现，最有助于我的沟通方式是：'听起来你说的是……是这样吗？你有没有想过也许……'而不是说'我认为你应该这样做'。"现在，当她和朋友聊天时，如果提到自己有点焦虑，朋友们鉴于了解她的情况，可能会说"这件事可能不用太担心"或"你要不考虑下这个办法？之前你试过是有用的"，这些话常能给伊丽莎白以启发。

要进行一次有难度的谈话，伊丽莎白有这些建议：

1.给对方更多时间

大多数人都做不到迅速敞开心扉，你不能强迫别人马上说出心里话，否则会将对话变成对抗，让人倍感压力，想要逃走。你应该做的，是让对方知道你就在他们身边，并且任何时候都愿意听他们说话。有可能几周后，他们才会真的准备好吐露心声。

2.把注意力放在倾诉者身上

好的倾听者能让对方感到自己被人倾听，我们可以与对方进行适当的互动，保持眼神的交流，并运用积极的肢体语言，例如点头，同时避免消极的肢体动作，比如交叉胳膊和腿。

3.不要空洞的鼓励，也不要消极的设想

不要跟对方说"振作起来"，这只会让他们感觉更差，造成情绪上的无力感。有时候，人们由于不知道说什么，很容易说出类似"情况可能会更糟"这样的话，这会让对方产生无价值感。

4.询问对方状况，一定要问两次

无论对方是情绪低落、抑郁还是焦虑，要发现其中的迹象并不容易，如果对方还很回避日常社交，那难度就更大了。因此，伊丽莎白的建议是在问对方感受的时候，一定要问两次。在接听热线时，我们会先问一句："你好吗？"如果对方回答"很好"，我们会多问一句："你确定？"这样往往能进一步展开对话。在日常生活中，我们可以向对方说："你确定你没事吗？要不要聊一下？如果你需要的话，我会陪着你。"

5.户外散步有助倾吐心声

接受心理辅导的时候，伊丽莎白和辅导人员经常一起在户外散步、交谈。相比之下，伊丽莎白觉得办公室并不是个适合她倾诉的场合，会让她觉得自己好像烤箱里的烤肉，灼热而不安。而和别人肩并肩地散步，能给她留出更多的思考空间，在户外一边散步一边谈话，不仅让人拥有了物理上的空间，还有了心理上的自由空间和一种自然的节奏，这些都会让这场聊天变得更加舒服，也让人愿意敞开心扉。

6.不要寻找解决方案

很多时候，相对于听对方说什么，我们将更多的心思用在了自己应该说什么上。很多人总是急于发表自己的意见，然而，对于倾诉者而言，当自己终于鼓起勇气说出感受，却发现无论是家人还是朋友，都只是强塞给自己各种建议，心里会十分失望且愤怒，感到自己没有被听到，也没有被尊重。如果人们只专注于解决方案而不是倾听本身，会让倾诉者将自己封闭起来。

7.告诉倾诉者，他们并非负担

　　一场谈话之所以棘手，很可能是因为陷入麻烦的人有所顾虑。伊丽莎白当初之所以不愿说出自己的感受，一个原因就是不想成为别人的负担，她觉得如果跟家人或朋友说出自己的问题，他们会忍不住担心，并耗费很多时间，而自己也会因此增加负罪感和责任感。如果你察觉到了身边某人不对劲，似乎正陷入抑郁或焦虑等情况，要告诉他们，他们值得别人付出精力和关注。

　　坦白自己的感受能产生一种力量，一种非常积极的力量。人们都很害怕被人评头论足，尤其是在心理健康方面，但分享和善待他人是唯一的出路。只需要有一个人鼓起勇气展开对话，就会产生多米诺骨牌效应。而今，伊丽莎白讲出自己的经历，就是为了让那些正在经历困惑的人感受共情，让他们也有勇气说出自己的感受。大部分时候，人们都很擅长扮演勇敢，但这无须成为常态，我们应该允许难过的存在，无论是别人难过，还是自己难过。

多关心他人总是好的

　　大概是受时代环境的影响，人们在被问及最近过得怎么样时，似乎都默认了应该回复"我很好"。但如果真有特殊情况出现，或者在感到难过需要聊一聊的时候，我们又反而不敢承认。

只不过，没有谁能永远隐藏自己的情绪，当某个人出现问题的时候，我们通常总能捕捉到一些信号。如果对方拒绝像往常一样参与活动，不再出门和朋友聚会、去健身房锻炼身体，只愿意待在家里，这就意味着他们正在困境中挣扎，但同时，也意味着别人会因为不能谋面而更难了解到他们的具体情况。在这种情况下，最好是能给对方发一条内容简洁的信息，问一句："你还好吗？"

在询问别人好不好的时候，人们通常会有些紧张，怕被人说自己多管闲事，也担心会打扰到别人。但最好的选择一直只有一个，那就是真诚地表达自己的关心，无论对方是否愿意说出心里话，都会对你的支持心存感激。而具体做起来也很简单，你可以发信息说"好久不见，十分想念你"，或者"我只想问问你是否还好，你不回复我也没关系"，或者"刚看到你发的推特，你还好吧？"。

这种交流并没有想的那么难，反而可以像两个人在茶水间一起泡茶那般轻松。当你问出"最近怎么样啊？好久没见到你了"，对方或许不会马上进行回应，但你主动发起话题的做法，就已经能让对方感受到你的关心和支持。

通常，我在发问候信息的时候会加上一句"不用着急回复"。我知道人在情绪低落的时候，会连回复信息都十分困难，还有些人可能会强撑着精神回复说自己"没事"。因此，比较好的做法是留给他们选择的空间，让他们自己决定是否要回复。这样表达还有一点好处，就是能让他们放心，让他们知道没人要求他们必须做什么或者说什么，对他们也没有什么预期。

> 对别人付出关心，建立情感联结，犹如牵起一条生命线。
> ——康塞塔，共情式倾听志愿者

专家指导：
人们需要进一步帮助的时候，会有哪些表现？

UKCP心理治疗师克里斯蒂安·巴克兰博士

在决定是否要对别人采取更多帮助前，我们可以先留意各种线索，看对方是否已经出现了以下迹象。

语言方面的迹象可能包括：

- 我受不了了。
- 没人在乎我。
- 我看不出还有什么意义。
- 永远都不会变好了。
- 没有我，可能大家会过得更好。
- 什么都不重要了。
- 我不想活了。

他们还可能会提及自己明显的情绪变化，例如：

- 孤独
- 抑郁
- 愤怒
- 无价值感
- 绝望
- 被孤立
- 强烈的内疚感
- 悲伤

此外，他们的行为还会有一些重大变化，包括：

- 频繁落泪。
- 将自己的物品和财产赠送给他人。
- 情绪失控。
- 自残。
- 行为习惯有明显改变。
- 更冲动莽撞。
- 大量饮用酒精或服用药物。
- 逃避交往或疏远关系。
- 总是来回复盘自己的经历。
- 谈论自己的遗嘱。
- 对待食物的态度有重大变化。

什么是进一步的帮助

要帮别人找到最有益于心理健康的环境，是一件很有难度的事。如果觉得对方陷入了危险的困境，必须立即获得帮助，最保险的选择就是拨打急救电话，或者让其能够前往当地医院的急诊科。如果对方的情况不算紧急，但仍然需要尽快得到帮助，可以建议他们联系医生，或者致电专业咨询热线，以对他们的状态进行评估。

如果他们需要的是更多时间和空间，心理治疗师也能提供更多帮助。同时，向朋友推荐撒玛利亚会也是一个非常好的办法。撒玛利亚会提供的倾听支持既能独立发挥作用，也可与其他服务一起提供帮助。

如何倾听，
才能真正帮到别人

第二部分

站起说话需要勇气，
坐下倾听亦是如此。

——温斯顿·丘吉尔

HOW
TO
LISTEN

第五章
面对敏感话题，我们应该如何去谈

一场有难度的谈话，需要我们准备什么

对于那些敏感、重大甚至是令人难受的话题，并不存在开启谈话的正确方式。无论对方正在经历悲痛，还是要宣布破产、承认性取向或者公布离婚，我们最应该做的，是给予对方陪伴、及时问候、表达自己的关心。你可以带上食物去他们的住处探望，或者不定期地去看看他们是否安好。有的人不愿意一直被问"你还好吗"，喜欢别人直接询问他们的感受，也有的人更习惯婉转的方式，所以，你需要询问对方具体怎样做才能给予他们最好的支持。重点在于，你要让对方知道，只要他们愿意聊，你就会认真听。这种陪伴，算得上是极好的开始。

但是，当话题进入到下一步，谈话的难度也会随之增加。你可能会觉得自己必须具备充足且正确的知识才能帮到朋友，并担心自己能力不及；你还可能担心对方的话会勾起你的伤心

往事；或者担心一旦给了他们敞开心扉的机会，他们的情绪就会无法控制，让局面难以收场。

首先，这些担心都是相当正常的，你不用为此感到不安或自责。其次，只要你想开始一场谈话，无论你的身份是倾诉者还是倾听者，性格是内向还是外向，平日里是多思派或是行动派，都没有所谓正确或错误的方法。但如果我们能预先掌握一些相关知识，知道如何辨别对方是否需要开启谈话、是否需要被开导和被倾听，这样至少能明确自己可采取行动的上限在哪里，知道自己是否可以倾尽全力。

重视语言的力量

语言沟通是倾听中必要的一环。语言的魅力，不仅在于表情达意，更在于带给人们不同的感受。在很多谈话的紧要关口，一句话甚至一个词语，就能产生巨大的影响力，足以让一场愉快的谈话戛然而止，也能够让艰难的谈话柳暗花明。而倾听又不同于简单的交谈，我们可能说得更少，但也因此，我们的话可能更有分量。

下面这些用语、句式和准则，常常能帮助我们推进谈话，并帮助倾诉者打开内心，看清自己心中真正的所思与所盼。

1. "你确定吗？"

如果你发现对方的言行不太一致，比如嘴上说着"很好"，但却事事提不起兴趣，你可以尝试更深入地探究他们的情况，此时，"你确定吗？"这句话足以发挥出惊人的作用。对于对方而言，这句话是个重要的提示，让他们知道可以向你坦白心迹。

很多人都听说过关于 FINE（很好）的另一种解释：

F ——Freaked out，情绪崩溃；
I ——Insecure，不安全感；
N ——Neurotic，神经质；
E ——Emotional，情绪化。

这可能恰恰反映出人们语言表达和内心真实想法之间的矛盾，几乎每个人都曾在别人问候自己的时候，习惯性地回复"很好""没事"或者"还可以"，但事实上却是正在生气、伤心、沮丧、焦虑或是其他任何负面情绪。

因此，在对方回答"很好"时，多问一句"你确定吗？"往往作用显著，会让对方确信你是真的在关心着他，而不只是出于礼貌而问候。

2.询问对方的真实处境

如果你为对方的处境担忧，可以试试用下面这些句式开启对话。这些句式不仅可以用到面谈中，也可以用到电话、视频通话、发信息等其他联系方式中。

- 你最近怎么样？我发现你的状态似乎不太好。
- 上周你提到……让你难以应付，现在如何了？
- 之前我说话可能没有顾及你的感受，我向你道歉，我没想到你现在的处境这么困难。
- 你现在的情况好像很棘手，我想让你知道，我会陪着你。

总之，你不必要求自己成为一名高明的心灵捕手，擅长帮别人敞开心扉，你的关心本身才是至关重要的。

3.与其猜测，不如直接提问

当我们担心别人的时候，就会花费很多时间和精力思考对方的需求，但我们毕竟不懂读心术，因此比起胡乱猜测，直接问对方需要怎样的帮助要更快、更容易。同时，这也意味着对方能得到他们真正需要的支持。如果对方一时回答不出来也没关系，至少你的提问能让你们一起开始探寻，逐渐接近答案。

除了询问对方的需求，询问对方的感受也是很有必要的。很多时候，人们即使把一件事和盘托出，详细讲述了事情的前因后果、应对之策等，但就是一点儿都不提及自己的感受。而感受却是至关重要的。

使谈话自然展开，鼓励对方说出心里话，让他们自己厘清问题所在，并由此知道下一步最佳的选择是什么。而你要做的，就是用开放式的问题进行提问，总结对方所说的内容，分析他们的观点。你向对方求证他们观点的过程，同时也帮他们厘清了自己的想法，让他们得以发现是否还有其他可能。这个过程中，你可以用简短的鼓励的话语帮助他们不断坦白心迹，比如"是吗？"，或者"对于这件事，你还有其他感受吗？"，这些简单的话都能发挥重要作用。当他们开始描述和解释自己的想法和感受时，他们就更有可能看清楚自己所处的情况。

4.复述你所留意到的情况

共情式倾听一个重要的倾听方式是复述，也就是把自己领会到的对方所说的内容，复述给对方听。有时，对方看似随口一说的话，也许正隐藏着他们的真实想法——他们其实很想谈谈这件事。如果你对他们说"我之前留意到你说过……"，就相当于让他们思索自己说过的话，很可能由此激活了他们深入探究问题的意愿。用同样的办法，你还可以在谈话初期就让对方敞开心扉，你可以向他们复述你留意到的情况，比如，你留意到他们的话比平日少了，看上去有点情绪低落，上班不如平时有效率，或者不再参与社交活动了。将你的观察结果反馈给他们，能使他们更深入地思考自己身上的变化，同时鼓励他们敞开心扉。

5.别被沉默吓倒

比起说错话，很多人更害怕沉默，认为那意味着尴尬和话不投机。其实，沉默并非是负面的，因为人类的想法总是复杂而多变的，很难用一句话描述清楚，因此，要给予对方充分的空间和时间来整理思路。不要担心谈话中出现停顿或者沉默，这只是因为对方正在思考接下来要说的话。谈话的目的，就是让他们把心里话都说出来，而沉默所给出的时间和空间，就有助于达到这个目的。

> 越是安静，听到的越多。
>
> ——鲁米

6.不要苛责自己的措辞

如果你感觉自己在谈话中说错了话，也不必惊慌，更不要自我苛责，只要你还在继续鼓励对方说出心里话，就能扭转局面。如果谈话没有效果，很可能是因为对方还没做好进行谈话的准备，你可以给对方空间消化所发生的事，给他们时间做出回应。等他们准备好的时候，很可能会选择找你倾诉，因为这对于他们而言，或许真的是最佳的选择。

倾听时，先把自己放下

作为倾听者，我们应该在谈话中如何定位自己？是应该将自我彻底隐藏起来，还是和盘托出，以示自己的真诚？根据共情式倾听的经验，好的倾听者会把自己的情绪、信仰、经历和反应都放在一边，将给予对方充分的信任和空间为第一要务。而对方一旦确信自己不会被随意评判，自然也会愿意继续倾诉。

有时，你听到的内容可能会比较有挑战性，可能与你一直以来秉持的信念背道而驰，又或者是一些你不太能理解的事情。这时你要放下自己的感受和观点，陪着对方，让对方自己把问题捋清楚。如果对方从你这里得到的是同情而不是评判，必然会倍感安慰，并更愿意讲出心里的话。

虽然说我们不主张倾听者分享自己的经历，而如果你确实遭受过和倾诉者相似的痛苦，或者你帮别人应对过类似的心理问题，在谈话中适当分享这些经历可能会有帮助。但记住，不要让话题集中在你身上。

此外，也不要强迫别人接受自己的帮助。我知道，看着自己在乎的人独自面对困境，很多人会急切地希望对方的状况转好，但请记住，你只能在别人准备好接受帮助的时候，才能去帮助他们。你要让他们知道，你会陪在他们身边，并愿意在他们准备好的时候听他们倾诉。但这一切的前提，都是要等到他们进入"想要获得别人帮助"的状态。如果在别人还没准备好的情况下，我们就强迫对方说出心里话，会有把对方越推越远的风险。只要他们知道你会一直在身边支持，他们就会在自己准备好的时候，自然而然地想要去找你。

建立在时间上的信任

一场谈话会在倾诉者和倾听者之间建立起某种关系,这场谈话能否产生影响,取决于双方是否存在信任,而信任是需要时间的。就如每一场谈话都不可能完全一样,人亦是如此。有些人需要时间来坦白心迹、冷静对话;有些人可能会涕泪交加,需要一个安全的空间大哭一场;有些人需要一个拥抱,有些人则排斥身体接触,只希望有人待在身边就已足够;有些人在一吐为快之后,可能又会陷入混乱和困惑。

人一旦情绪失控,思维、言语、情绪全都会喷涌而出,刚开始的时候,你可能对这种情况无法理解。没关系,你只要陪在对方身边就好。让他们把心中的水闸打开,把心里话倾吐痛快,让情绪在流动中实现疏解。你要相信自己的感觉,在合适的时机到来之前,谁也不要将闸门关闭。

选择合适的时机和场合

只有在安全的环境下,谈话才能自然开展,但日常生活总是琐碎且让人烦躁的,因此,如果你要进行一场重要的谈话,就要先找到适合谈话的场合。这场合既能让对方感到舒服,又能确保谈话不会被打扰。

你可以去对方的住处拜访,一起喝杯茶、聊聊天,也可以和对方外出散散步、品尝咖啡。有时候，效果最好的谈话可能是在车里进行的，也可能是洗碗的时候，或者外出散步时。通常，当双方一起做些简单或有趣味的事情时，能共同营造出一种无压力的、可以放心说话的氛围。积极参与谈话，能让对方敞开心扉，表达出内心深处那些不轻易触及的情绪。但千万别在说出"我们谈谈吧"后就直接坐在对方对面，这会给人一种咄咄逼人、紧张局促的感觉。

我们所给予的真正陪伴，如同是馈赠对方的一剂良药，让对方相信你能理解他们，并深知他们的经历并非无关紧要。给予他们时间和空间，让他们感到被倾听、被理解，让他们知道你看到了他们眼前的难题，才能让他们有机会宣泄自己的情绪，承认存在的问题，自信地表达想法。接下来，通过探讨他们正在经历的事情，他们对事情的感受也能有所改善。

开阔的空间更能让人敞开心扉

现在，我正在全国各处徒步旅行，拜访英格兰和爱尔兰地区撒玛利亚会的每家分支机构，深入了解"散步倾听"的效果。其间，我发现了一件让我惊讶的事：按照我的习惯，在与人碰面时无论对方状态如何，我都会简单地问一句："你好吗？"然而，很多人却对这种问候感到不屑，认为毫无意义。

在共情式倾听的训练中，我们总结出了一套将轻松的问题和有难度的问题相结合的提问方式，以此让对方思索自己的处境。然而如果我是和一个人一边散步、一边谈话，我通常不会直接采用共情式倾听的沟通流程，而是会采用上文提到的那些方法，进行更为随意的日常对话。我并不是专业的心理治疗师，我只是在倾听的时候不怕说错话。我只是提了问题，然后，对方就回答了我。

在日常生活场景中进行一场坦诚的、有意义的谈话是非常美好的事。大多数人疲于应付生活，鲜少有谈话的空间与时间，而正是这些空间、时间，推动着人们敞开心扉。人们也极少感受到别人对自己的关心，尤其是陌生人。很多时候，被困于忙碌生活的我们，即使是面对朋友和家人，也常会忘记表露出自己的关心，但也正因如此，给予陌生人的支持所产生的影响会更加巨大。

我曾与各式各样的人进行过面对面的交谈，有患上创伤后应激障碍（Post Traumatic Stress Disorder，简称PTSD）的退伍军人，有遭遇了亲人自杀离世的陌生路人。有著名的演员，有杰出的马拉松运动员，他们看起来都是成功人士，但都表示自己内心十分痛苦，或是在生活中面临着各种困境。有时我只是对他们说："我不想说些老生常谈的话，但我知道这件事对你来说确实很难。"有人可能会问我："你经历过类似的事吗？"如果是在接听电话咨询，我会说："给你讲述我的个人生活，对你一点帮助都没有。"但是在较为随意的日常对话当中，我可能会这样回答："我之前的经历和你有一点点类似，虽然我现在状态很好，但当时确实也很艰难。"在非正式的场合当中，你可以稍微表露一下自己，与朋友、家人的谈话也是同理。在我看来，有时候表露自己就像放出一点点的鱼线，只为对方"上钩"。我从来不会让谈话集中在自己身上，但是让对方看到自己人性化的一面，也是非常有用的。对方会意识到和自己对话的也是活生生的人，也有自己的痛苦和忧虑，而且接近他们时是带着一片诚挚之心。

我并不抗拒挑战。我经常背着我的小背包去各种地方，小背包的顶部伸出一支旧鱼竿，鱼竿上插着一面小旗子。有一次，我在一家酒吧外看到一群小伙子，看上去全都满脸愤懑不平。我实在有些看不下去，心想今天要么是我被打一顿，要么是他们拥有一次说心里话的机会，于是，我停下来与他们交谈。他们很吃惊，但最终，我们收获了一次效果很好的谈话，他们知道了有需要的时候可以在哪里得到帮助。分别时他们告诉我："真的谢谢你停下来和我们说话。"

当我恰好在某个时候出现在某个地方，与某个人进行了一次谈话，并且没有因为对方的反应而惊慌失措，我就会深感欣慰，因为我知道，这能实实在在地帮到对方。自从开始这种漫步后，我已经分发了大约5000张共情式倾听的卡片。在和人们告别时，他们的手里总是紧紧地捏着卡片，好像攥着温暖的火种。

> 这是一个忙碌的时代，但我却能奢侈地花时间散步，与别人站在一起，想待多久就待多久——或许事情本该如此。有时，我们并不能看清事情的本质，所以我们都应该认真思考，现在做的事，真的就是最紧要的事吗？
>
> ——戴夫·唐卡斯特，共情式倾听志愿者

专家指导：肩并肩疗法

UKCP心理治疗师克里斯蒂安·巴克兰博士

想要帮助人们说出心里话，尝试不同的沟通方式是很有价值的。有时人们会因为一封信、一份电子邮件或一通电话而敞开心扉，但是面对面的交流反而会进展困难。因此，我们倾听的时候也要注意这一点，比如，你可以问问朋友：会不会觉得将感受写下来更有帮助。

提到心理治疗，人们通常会想象两个人面对面坐着谈话的场景，这确实也是常见的情况。但是，眼神交流对不同的人会起到不同的作用，有的人认为这是一种积极的体验，因为这让自己觉得被倾听了，他们会觉得很放心，能更自由地进行表达。但有的人却觉得眼神交流让自己感到害怕，更无法敞开心扉。心理治疗师通常会使用一些技巧来解决这个问题，比如使用会旋转的椅子，那些因为眼神接触而焦虑的患者可以选择转过身，不与治疗师面对面。有的治疗师会选择让患者在沙发上躺下，自己坐在后面。还可以两人相邻而坐，这样的角度也能避免直接的眼神交流。这些技巧，都可以消除因眼神接触引起的不良情绪，并且有助于开展"自由联想"疗法——这一疗法鼓励求助者不间断地、自由地诉说心中想到的任何话题——这能帮助他们关注到自己潜意识中的思考过程，理解自己内在的心理活动。

在治疗会谈中，尽管传统的面对面地互动能发挥很好的作用，但如果是跟朋友聊天，对方在无法直接感受到你反应的情况下，其实更容易敞开心扉，比如在肩并肩地散步、聊天的时候。

我不止一次听人说过，如果是要和自己的朋友、伴侣、孩子或同事谈论棘手的话题，最好提议双方一起外出走走，或者是开车兜风。这是非常好的选择，因为周围环境存在着其他刺激源，这让谈话的焦点并没有完全集中在倾诉者的身上。并且，以这种形式展开对话，倾听者也能有一定的参与度，话题会比较容易展开。此外还有一点，散步或者开车兜风总会有结束的时候，这也能让谈话自然地结束。

肩并肩地坐着聊天，或者在洗碗的时候一起谈一谈，或是在保证安全的前提下开着车（或坐在车里）聊天，这种肩并肩的谈话形式，能让对方切实地感到自己被倾听。在倾听亲人、朋友的倾诉时，这些技巧或许能让倾听的价值更好地体现出来。

对于开展一场有难度的谈话，专业的心理治疗师有以下建议：

- 让对方先开始。
- 避免对谈话进行不必要的引导。

- 利用面部表情、声音和文字来让对方知道你正在认真倾听，且对谈话的内容很感兴趣。
- 用对方的原话重复你所听到的内容，让他们感到被理解。
- 使用鼓励性的短句展开谈话，例如："关于这一点，可以再说得详细些吗？"
- 让对方描述自己的经历以及当前情绪带来的身体感觉。
- 坦然地接受指正。
- 没必要完全理解对方所说的内容，相比之下，让他们继续说下去会更有帮助。
- 如果是面谈，请在对方说话时寻找肢体语言的线索。一些研究表明，日常交流只有7%是口头的，38%是声音，其余的55%是视觉。
- 给予对方同情和怜悯，设身处地想象他们的感受。

询问对方的感受，不会造成任何伤害

在撒玛利亚会，我们不是治疗师，也不是训练有素的咨询师，更不是救人于水火的天使或英雄。我们只是普通人，通过训练学习了如何倾听他人，并希望通过自己的努力，帮助正经历黑暗时刻的人们找到出路。我们的目的不是要纠正别人，也并不认为单单通过倾听就能拯救别人的生命。我们想让大家知道的是，多年以来，我们一直陪伴着来电者，给予他们时间和倾诉的机会，帮助他们梳理当下发生的事情，并希望通过我们的帮助，他们最终能振作精神，自己找到出路。

我们所能提供的最重要的支持，是人与人之间的互动，是一个人给予另一个人充足的时间，并以一种纯粹的、专注的、不打扰的、认真的精神去试着理解对方的感受。双方谈论的内容，未必总是关乎命运的大危机、大事件，也可能只是日常生活中一些令人担忧的事情，或者是困扰对方的某一特定情境，又或者是一段时间内难以摆脱的不良情绪。我们不加评判地听对方倾诉，不直接处理问题，也不提供解决方案。我们会让来电者说出那些带来沉重负担的念头，这样他们才能着手研究怎么解决问题，他们的自我价值感也能由此被唤醒。

如果你身边的人正处境艰难，比如遭受损失、承受悲痛，或者生活中经历了重大的变化，你可以给他们发一条信息："我听说了发生的事情，你还好吧？"询问别人的感受并不会伤害到谁，不要顾虑太多。如果他们只需要你陪着他们坐一会儿，或者给他们一个拥抱，那你要做的事情就是这些。

最清楚对方情况的是他们自己，因此，要把对话的主导权交给对方，让他们分享关于自己的内容，这样做，也能让你更清楚地知道他们的经历。你可以问他们需要什么样的帮助，可以帮他们找到可行的策略，也可以帮他们分析下一步应该做什么，比如是否预约医生看诊等。在倾听中，你可以通过上述方式，帮他们找到正确的前进方向。

现在盛行一种观点，认为我们需要时刻保持快乐和心理健康，需要对每件事情都游刃有余。相信你也很清楚，这并不是生活的真实样貌，真正的生活总会有起有落。焦虑和面对焦虑，本身也都是生活的一部分。因此，没有人能阻止自己在意之人产生焦虑，这种尝试毫无意义。你能做的，是帮他们了解可以用哪些方法处理情绪。每个人都会在某个时候受到不良情绪的困扰，因此，我们更应学习用积极的方法来处理这些情绪和感受，你可以引导他们这样表达自己的情绪："今天过得有点糟糕，我心情不太好。"你还可以引导他们这样思考："我应该怎么做？我要怎样照顾自己呢？"我们的目的，是帮助别人形成自己的策略，以此来应对他们生活中的各种考验。

作为共情式倾听的志愿者，我们要让对方自己做决定，并让他们知道无论做出什么决定，都会得到我们的支持。倾听如同手持一面镜子，反射出的，是对方自己真正想要表达的想法。共情式倾听并不是点头附和，而是积极参与，勇敢反馈自己所倾听到的内容。这需要我们用心去理解，用共情去回应对方，让对方知道你能接纳他们所说的一切内容。

这种倾听不会改变世界，但一定会改变那个人的世界。

> 当你问对方是否需要聊一聊，得到的回复可能是他们只想要发发牢骚、宣泄一下情绪，然后自己就好了。也可能，你们之间的谈话会成为催化剂，让他们意识到自己需要寻求进一步的帮助，或对生活做出重大的改变。
>
> ——杰恩，在撒玛利亚会担任志愿者25年之久

第六章
练习倾听，学习说话

"SHUSH"安静倾听法

作为共情式倾听的志愿者，倾听和理解是我们的目标。在达成目标的过程中，我们努力让来电者明白，跌入谷底并不意味着停在这里，生命总会存在着其他出口。即使我们不是专家，也有能力帮助遇到困难的人，我们的倾听，就能帮助人们看清自己的感受。

关于如何倾听，我的经验是，一定要花些时间学习"SHUSH"（单词的本意是"嘘"，示意保持安静）安静倾听法，这能让我们成为一名更好的倾听者。

S——Show you care，表达关心；
H——Have patience，要有耐心；
U——Use open-ended questions，使用开放式问题；

S——Summarize the conversation，复述谈话内容；

H——Have the courage，要有勇气。

S（表达关心）

全神贯注地倾听对方，能有效向对方表达出你的关心。一定要把注意力集中在对方身上，收起手机，保持眼神交流，并使用积极、开放的肢体语言。

其中，放下手机是很困难，但也是很重要的。在这个24小时不断网的时代，很多事务都要通过手机处理，但这必然会让对方觉得自己没有被尊重与接纳，所以，在倾听的时候，要将手机关机或调为静音，避免自己分心。只有专心地听对方说话，才能了解到更多的情况。

倾听的时候，还可以与对方保持眼神接触，让对方知道你对谈话的内容感兴趣，而且在专心致志地听他们倾诉（注意要适度，过度的眼神交流会让有些人感觉受到威胁）。如果对方不喜欢被凝视，或者不习惯眼神交流，你可以转而去看对方的嘴或手，或者是他们正面向的那个方向（要达到这种效果，你最好坐在对方旁边而非对面）。记住，最重要的是，你要一直保持专注，他们中途很可能会突然望向你，以确认你是否在听他们说话。

我们都会无意识地使用肢体语言。这是我们与他人沟通的一种方式，并且会在不经意间透露出自己的想法。比如，如果两个人步调一致，常常会表现出同样的肢体语言。下面这些方法，可以体现出积极的肢体语言，帮你营造出良好的倾听氛围：

- 你坐的位置与对方的位置呈五点钟的角度（斜对面）。
- 身体稍微向前倾，表现出你对谈话有兴趣。
- 克制自己那些令人反感的习惯，比如看手表或手机。
- 不要表现得坐立不安。
- 双臂保持张开，不要交叉。
- 与对方坐在或站在同一水平上，这样看对方的时候就不需要抬头或低头，避免双方因此感到不适。
- 留意自己的肢体语言，尽量不要让肢体透露出你的情绪或感受。

H（要有耐心）

要让一个人敞开心扉，可能需要付出多一些的时间，以及进行多一些的尝试。第一次谈话的时候很可能收效甚微，但每一次互动都是有意义的，都有助于在你们之间建立起安全感和信任感。

有效的倾听能表达同情、建立信任，而耐心则是其中的关键。不要让对方感到被催促，这会让他们失去安全感。如果他们的倾诉中有停顿，那就等一等，很可能他们的话还没说完，需要时间来整理自己的语言，或是一时难以表达清楚自己的感受。停顿能让对方的思路变得清晰，因此，要给予对方思考的空间，以及深度表达的时间。此外，停顿还可以表明你正在思考对方所说的话，这很有可能赋予对方更多信心，让他们将谈话继续下去。

不要打断对方或者插话，让谈话自然而然地进行。只要跟着谈话的思路慢慢前进，对方通常都能获得惊喜的发现，对自己的情况产生新的观点和思路。不带评判地倾听，能让对方放松地进行谈话，把谈话当作一次反思或者处理不良情绪的机会。

U（使用开放式问题）

剖析问题并不容易。一开始，对方可能会只说些无关痛痒的小事，或者笼统的概况，一涉及自己的实际感受，他们就选择轻描淡写。这也可能是因为他们在进行这次谈话之前，自己尚不知道问题的核心是什么。

很多时候，人们明明很想谈心，却要等到别人询问时才会开口。因此，在提问时，不要问那些只需对方回答"是"或"否"的问题，而要问那些需要对方进行详细阐述的开放式问题，这才能产生效果。开放式问题能促进谈话，鼓励对方进行自我探索，还能表现你倾听的意愿以及对他们的关心。

你可以先问一句"你今天感觉怎么样？"，然后用类似"可以展开说说吗？"的话引导对方进行详细叙述，这期间要注意提问的方式，要让对方说出更多内容，而不是用一两个字简而概之。好的开放式问题不会强加观点或者暗含评判，而是会让对方停下来思考、斟酌，并且进一步展开话题。

以下，是开放式问题的一些示例：

- 时间——"你什么时候意识到自己有这种感觉的？"
- 地点——"这是在哪里发生的？"或"感到焦虑的时候，你会去哪里？"
- 细节——"还发生了什么？"或"你认为是什么事让你有了这种感觉？"
- 感受——"那是怎样的感觉？"

请注意，在提问中要尽量避免使用"为什么"，因为这种句式有时会暗含评判意味，从而让对方产生对抗情绪。比如，与其问"你为什么那样做？"，不如问"是什么让你做出那样的选择？"，或者"当时你是怎么想的？"，这些问题能让对方更安心地进行自我探索。

在积极倾听的过程中，表面上你是和对方谈话，实际上你成了对方的参谋。你说的任何话，都不应该影响对方表达，而应该帮助对方表达。使用开放式问题可以引导对方展开谈话，让他们知道这次谈话是安全的，说话不需要顾忌。

S（复述谈话内容）

重复对方说过的话是一个非常有效的做法，这能让对方知道你正在心无旁骛地倾听，还可以让你同时确认自己听到的内容是否就是对方想要表达的。

复述谈话内容，相当于询问对方你的理解是不是正确，他们由此得知你没有从自己的角度看问题，而是试着从他们的角度去理解他们的感受。直接重复对方说过的话，表明你很关注他们说话的内容，这也会使对方进一步思考自己说过的话，从而深入探索自己的某个想法或观点，继而深化谈话的内容。

H（要有勇气）

询问别人的感受可能会让你觉得很唐突，然而，你尽可以放下顾虑大胆去问，这种简单的方法往往效果最佳，会让你用很短的时间就获得反馈——你能知道对方是否会因你的询问而不舒服，或者是否愿意在这一问题上与你进行交流。提问的效果可能会出人意料的好，很多时候，对方是很愿意有人能和自己聊一聊的，甚至到了渴望的程度。他们可能正需要被人问及自己的感受，因为这样他们就能顺势将内心的想法和盘托出了。

不要因为对方给出了消极的回应而迟疑，也不要害怕沉默，正如之前提到的，你无须将对话填满。

如何引导对方进行叙述

配合 SHUSH 倾听法，我们可以引导对方进行叙述，其间只需要遵守一条规则，就是你要温和地引导对方讲述他们的问题，直到把事情都说完。例如，如果对方说"我现在情绪很不

好",你可以这样展开谈话:

> 倾听者:"详细说说情绪不好是怎样的感觉。"
> 诉说者:"嗯,感觉所有东西都是黑色的。"
> 倾听者:"那再描述一下这种黑色吧。"
> 诉说者:"厚实,浓密,天鹅绒质地的黑色。"
> 倾听者:"能告诉我什么时候你会出现这种情况吗?"
> 诉说者:"通常在早上发生。"
> 倾听者:"再跟我说说那些黑色的早晨具体是怎样的吧。"

不断地说"再跟我说说""我想了解更多",直到实在问不出其他问题为止。

专家指导：是什么阻碍了我们好好倾听？

UKCP心理治疗师克里斯蒂安·巴克兰博士

人们在准备一次倾听时遇到的最主要的障碍，通常是缺乏信心。人们会忍不住想"我又能做什么呢？"，进而回避自己想要帮助别人的念头。你可能担心在得到对方"我感觉不太好"的回复后，自己不知道该做些什么；你可能担心自己没有掌握帮助别人的正确技巧，会让事情变得更糟。

其实，这些事情你根本不用担心，听别人说他们的问题，不代表你有责任帮他们解决问题。倾听并不需要你预先知道任何答案，你不需要给出处理办法，不需要解答任何疑问。你要做的事情很简单——陪在他们身边，听他们说话，给予他们倾诉的空间，或者让他们详细说说自己的问题，鼓励他们——最终，这些能让他们自己找到解决问题的办法。

倾听的力量往往被人低估。倾听不同于简单的听，想要真正做到倾听，不仅要具备良好的沟通技巧，还要真正关注对方，表露出想要了解对方的意愿，并且在倾听时能把对方放在首位。倾听有时之所以会显得格外艰难，很可能是出于以下几种情况：

1.拯救别人的需求

看到对方谈话时痛苦的样子，倾听者会产生想要拯救对方的想法，这种想法很正常，但也会导致倾听者忍不住插话，并想要主导谈话的方向。

2. 掌控的需求

倾听者的思想常常会被各种情绪占据，比如焦虑、恐惧等，不管他们自己是否能意识到，这都可能会导致倾听者将谈话朝着缓解自己焦虑的方向引导。

3. 逃避困难

倾听者可能会觉得谈话主题很难应对，需要换一个话题。

4. 无意识偏见

倾听者可能对特定群体存在偏见，但自己却没有意识到，因此会在不知不觉中评判自己听到的内容。

5. 先入为主

快节奏的生活中，我们习惯简略地浏览新闻，却经常错过重要的事实。我们也很容易仅凭倾诉者的叙述或感受，就先入为主地对问题做出判断。

6. 忘记每人都有独特的经历

我们很容易忽略每人都有不同的生活经历。即使对方所说的故事与我们之前听过的故事相似，他们的经历也是不同的。

7.被自己的经历干扰

为了帮助对方，我们会在自己的经历中找到与对方的相似之处，这就导致我们想要分享自己的经历，但这种做法一点用处都没有，还会让对方觉得自己不重要，感到自己被放弃。

共情式倾听的最重要因素——共情

共情式倾听，共情是其中最重要的因素。有共情的情感联结，是在尊重他人和维护他人尊严的基础上，对自己以及身边人予以同情、善意和耐心。这能让人体会到安全和幸福，同时拥有牢固的人际关系。具有同理心，意味着能将自己代入到他人的处境当中去，理解他们的痛苦，并萌生伸出援手的愿望，但这并不代表你一定要帮助他们解决问题。你要做的，是在他们寻找解决办法的时候陪在他们身边。

共情能使对方感到被重视、被关心，进而影响自己与外界的互动方式。最重要的是，共情是一种可以习得的技能，依靠的是你与他人联结情感的能力，以及你自己的支持。

下面这些方法，可以让你表达出自己的共情：

- 想要表现出你的善意，你可以采用适当的方式以示关心，比如给对方倒一杯茶，或者亲自去对方的住处探望。
- 询问对方的情况，在倾听的时候表现得很专注。
- 鼓励对方继续倾诉，采取开放式问题，并配合积极的肢体语言。比如，使用能带来安抚感的手势，或者通过点头表示你对谈话很有兴趣，鼓励对方继续说下去。
- 在对方愿意的前提下，可以拥抱他们或握住他们的手。有些人可能不太接受身体接触，我们也要尊重别人的界限。

- 重复你听到的内容，表明你在用心倾听。
- 正视对方可能存在的心理健康问题，避免使用傲慢或不尊重的语言。

维多利亚的故事：讨论问题可以减轻负担

当维多利亚站在那里，想要纵身一跃彻底摆脱痛苦时，连她自己都想不通，事情怎么就到了这一步。

维多利亚痛苦的源头是工作。因为工作的关系，她需要经常出差，这让她异常焦虑。她不喜欢独自待在陌生的城市，过着没有规律的生活，总是为下一站要去哪个地方、如何前往酒店、出门能吃到些什么食物这些问题操心。这种焦虑不断累积，直到难以控制。

说起来，维多利亚的朋友和家人都很关心她，但当焦虑愈演愈烈的时候，她却不敢求助。她害怕给亲朋好友添麻烦，也怕他们对自己进行评判。

维多利亚开始出现惊恐发作，有时，她在搭乘公交车上班的路上，会因为感到透不过气而中途下车。"惊恐发作的时候，你只会想着要怎么让它停止，但这只会让压力变得更大，变得越来越难以抽离。"维多利亚这样回忆。一天，在下班回家的路上，维多利亚突然感到非常害怕，我不想再听到自己脑海里的想法，也不想再消化自己的任何感受，只想要这一切彻底消失。她来到了一个地方，在那里站了好一阵子，虽然最后她选择了回家，但那次经历却让她感到了从来没有过的恐惧。

回到家中，她在网页搜索栏上输入了"需要帮助的时候可以跟谁说？"，然后，共情式倾听的电话号码就出现了。

当天晚上，维多利亚就拨通了热线，这一次的谈话让她如释重负："我当时就想着把我的情况全说出来，连我自己都没意识到会表达得那么彻底。我激动不安，但是电话那头的接线员很冷静、很有耐心，这让我也冷静了下来，而且，他没有以任何方式评判我。我不记得自己说了什么，只记得自己哭得很厉害，我都不知道他怎么会听得懂我说的话。并且，通话越是到了后面，他越是有意让我发泄情绪，让我多说话。在他的帮助下，我终于可以说出：'好了，我现在好了。我能正常呼吸了。'通话快要结束的时候，他说：'你可以在觉得没问题的时候再挂电话。'知道可以自己做决定的感觉真好。我记得我当时说：'感谢你，我现在能睡觉了。'然后我就去睡了。"

被倾听的感觉，让维多利亚仿佛置身于一个安全空间，在那里她说什么都可以，没有人会评判她，或者告诉她应该怎么做。也正因如此，她恢复了状态，意识到自己可以找到摆脱困境的办法，这让她开始朝着积极的方向转变："共情式倾听的工作人员给了我说话的机会，我后来想，既然他能给我机会，我为什么不给自己一个机会，看看明天醒来会发生什么？事实上，第二天醒来的时候，我真的感觉好多了。我认为就是要一吐为快，这能起到非常大的作用。在那之后，我再也没有回到从前的焦虑状态。"

如何帮助别人更好地一吐为快？维多利亚有以下这些建议：

1. 相信自己有能力参与一场有难度的对话。
2. 不要担心说错话。
3. 你无须解决任何问题，你只要在那里就行。
4. 多读些和心理相关的书籍或资料。
5. 约朋友去做一些双方都喜欢的事情，很多时候也很奏效。比如，维多利亚会和朋友一起去美术馆，他们都很热爱艺术，那里就像他们的安全空间，每次看画展的时候，他们都会渐渐聊到自己的情绪。此外在跑步小组里，她也会有同样体验。和别人在一起，分享同一片空间，会让人变得更开放，也会更愿意分享自己的深度想法。
6. 定期问候。即使你觉得对方的情况完全正常了，也可以说一句："我想告诉你，我就在你身边。我不会逼你说出自己的感受，但我希望你知道，只要你需要我，我就会陪着你。"

后退一步，倾听才会更有效

共情式倾听并不是与生俱来的能力，但可以通过练习去掌握。人类在成长的过程中，是先懂得了听，然后才学会了说。但问题也随之产生了，那就是人们一旦学会了表达，关注点突然间就会变成了"我"，我们会说"我打断一下""我跟你说说我知道的"，**很多时候，人们之所以听完别人讲话，只是为了能说说自己的看法。**

和家人或朋友在一起聊天的时候，我们经常会在对方说完话之前就想好要怎么应答，因为我们对他们所说的内容有着自己的想法。我们想表达自己的观点，但这样做，也就等于表示自己不再想倾听对方说话了。

想要改善这一情况，可以时常进行共情式倾听的练习，让大脑逐渐适应这一技能。一开始，我们可能需要有意识地记住"自己想说什么并不重要，对方说的才是自己该专注的"这件事，并且需要在努力一段时间后才能做到。后来，我们会渐渐习惯留出充分的倾诉空间，好让对方尽情表达自己需要表达的内容。

听和倾听不一样。听收音机播放的歌，听有人在外面割草，听孩子们在玩耍，这其中没什么实质的内容需要我们领会。但倾听就不一样了，倾听是要关注对方话中想要表达的信息；是要尝试理解对方的处境和观点；是要记住谈话的内容，让自己能够回过头来分析。

这一切并不简单。如果你是倾诉者的家人或朋友，最难做到的，就是保持中立的态度，因为这恰好不是我们的自然反应，因为我们会忍不住忧心忡忡，急切地想要帮助对方。我们需要不断地提醒自己后退一步，把认真倾听作为最重要的事，不要贸然提出建议或解决办法，也要避免内心选择立场或固执己见。

要记住，除非对方主动问起，否则不要随意发表意见，不然这可能会在你们之间形成障碍。举个例子来说，对方跟你吐槽自己和伴侣之间的问题，如果你回应类似"我觉得你可以做得更好"这样的话，会让对方觉得你是在做评判，在这个前提下，无论你说的具体内容如何，都不大可能对他们形成帮助。倾听时，要把你自己的想法和观点放到一边，只关注对方想做什么，这种谈话方式能让对方探索到自己的想法，并为自己做出最佳选择。

要成为一个好的倾听者，最重要的是要做到专注。我们都有厘清思绪、专注当下的能力，而想要保证倾听的效果，重要的一点就是不被周围的事物分心，比如谈话时对其他家庭成员的时进时出能做到不受影响。要专心致志听对方说话，力保谈话不被打断。确认对方表达的内容，能帮助对方明确自己的想法，如果你一时没能跟上对方的思路，可以为自己没有理解对方的话表示歉意，或者直接让对方重复一遍刚刚说的话。倾听时可以使用开放式问题，以此深化谈话内容，同时能让倾诉者意识到自己最需要探索的问题是哪些。

在倾听中，你会发现不同倾诉者的表现各异，有人情绪低落、无精打采，但也有人表现出相反的状态：过度活跃，或者比平时更加精力充沛。这种情况下，你在说话时需要平静、轻柔、缓慢，以此平衡一下对方的状态。

> 简单的手势、同情的点头、鼓励的言语，起到的作用跟说一句"是啊，这件事确实难办"是一样的。倾听时，要确保你使用的是开放式的肢体语言，并且表现得平易近人，这些都能让对方知道你在专心倾听，你能理解他们所说的内容。咨询师和治疗师都会使用以上这些技巧，但其中的很多原理也同样适用于家人或朋友之间的沟通。
>
> ——露西亚，共情式倾听志愿者

第七章

无任务的倾听，反而效果更佳

你无须提出解决方案

在日常生活中，我们可以毫不费力、不假思索地向身边的人提出一些无关紧要的指导和意见。但面对一些重大事件或难以抉择的情况，告诉对方怎么做却并不会带来帮助，只会让对方误以为他不用承担决定的责任。你能提供的最好帮助，就是和对方详细讨论他们面临的问题，尽可能让对方自己做出最有利的决定。

有一个常见的错误观点，认为倾听对方，就有责任帮对方解决问题。正如管理学大师史蒂芬·柯维博士所说的："大多数人的倾听不是为了理解，而是为了回应。"可能在你看来，解决问题最简单的方法，就是直接告诉对方你会如何处理，或者说出你以前处理类似问题的经验。但直接给出这些建议，相当于否定了他们的独特经历，只要你开始谈论你自己，就意味着你并没有真正倾听、接纳对方所说的话，没有回应对方想要向你表达的内容。一旦你切换到"处理问题"的模式，谈话就会变成你的经历、观点、看法的大展示，对方必然会因此想要退避，并认为向你倾诉简直多此一举，他们会进而封闭自己，不愿意继续倾诉下去。

人在陷入困境的时候，难免会有无力感，低自信和低自尊更会让消极的情绪反复循环，觉得自己一无是处，只会拖累别人。这时候，如果你直接插手帮他们解决问题，哪怕出于百分百的好心，他们也会将你的潜台词解读为："你看你，自己根本没办法解决这件事，只能靠我出手帮忙。"这必然会加深对方的无力感和自我怀疑，让他们觉得自己在别人心中没有解决问题的能力。对于自尊心已很薄弱的人而言，这将是一记沉重的打击。

人越是陷入痛苦挣扎的时候，就越是需要掌控感，以此确定自己内心藏有答案。倾诉者想要的，其实只是在他们伤心脆弱之时你能坐在他们身边，给予他们陪伴。然而出于种种原因，人们总对这一需求难以启齿，而你要做的，就是让对方放心，让他们知道他们不是负担。其实，他们始终知道自己应该怎么做，只是一时没有想通，或者没有机会将事情想清楚。你可以协助他们梳理所有可能的选项，但决定权一定要让他们自己掌控。

如果你觉得自己很难做到不提建议，可以从改变自己的提问方式入手，比如你可以这么问：

- 这让你有什么感觉？
- 你记得这种情况第一次发生是在什么时候吗？后来是怎么变成你的困扰的？
- 你觉得对你而言最好的、最现实的结果是什么？
- 你能想到有什么事情能让你好受一些吗？
- 有什么方法可以减轻你对现状的担忧？
- 你觉得有什么办法可以改变现状？
- 你觉得那样做的效果会怎样？
- 这样的决定对你来说可行吗？

史蒂文的故事：真诚比技巧更能疗愈人心

　　36岁的史蒂文承受着命运的四重打击。年少时由于父母离异，他不得已辗转多个城市求学，年纪轻轻便成了家中支柱；16岁时，他感染病毒大病了一场，从此只能以轮椅代步；后来，史蒂文的一名好友自杀了，这件事让他很受刺激；不久后，他在工作中状况频出，内心压力倍增。

　　史蒂文很想让自己走出阴霾，却迟迟找不到应对之法，当时的他并不知道自己已经陷入危险的应激状态。在他心中，执着地存在着一种关于男性的固有印象，他认为男人就必须是守护者，是养家糊口、保护别人的人，而不该对身边人诉苦，哪怕是最亲密的伴侣也不行。同时，他也害怕别人替他做主或照顾他，因为这等于证明了他对很多事情"做不到"，会让他产生无力感。

史蒂文的内心向着完全失控的方向发展，那段时间，任何人的任何话，对他而言都是否定的。即使有人说爱他，他也会忿忿地想："你不爱我，你怎么可能会爱这样的人？"或者："你这么说只是为了让自己不内疚。"他的情绪一直在变坏。一天，他和伴侣吵了一架，这让他忍不住胡思乱想，为了寻求解脱，他甚至试图亲手结束自己的生命。好在紧要关头，他心中的那一丝求生欲让他拨通了共情式倾听的电话，接着，他就被救护车送去了医院。

史蒂文回忆起那次惊心的经历："我记得当时我在电话里沉默了好长时间，电话那头的人说了类似'我的名字是……今天你打电话过来是因为什么？'的话，然后就一直等待着，直到我开口说话。因为知道有人就在那里陪着我，我感觉很安心，并最终看清自己的想法——我想好好活着。"

后来，史蒂文在医院精神科住了七个月。他发现，除了临床护理和治疗外，一些看似不起眼的小变化也正发生在他身上，而正是这些小变化，成了他康复的转折点。

每天，史蒂文都会和很多精神科的护士、心理学家和社工打交道，但对他影响最大的，却是一位助理护士。她每天早上走进史蒂文的病房时，都会对他真诚地打招呼："嗨！早上好！"而他总是无视她，要不就咕哝一句："有什么好的。"但第二天的早上,她还是会主动对史蒂文说:"早上好!"并且依然热情开朗。

就这样一天又一天,任凭史蒂文一次又一次地爱搭不理,那位助理护士对他的态度却从来没有改变过,似乎在锲而不舍地鼓励他回答一个"嗨"。正是这种真诚的坚持,一点点打开了史蒂文遮蔽内心真实感受的窗户。他慢慢意识到,自己不是一无是处,自己是一个值得别人每天热情地道一声早安的人。这让他想起了在打通倾听电话时的那种感觉,对方一直等待着他开口,无条件地陪伴着他,让他知道有人愿意为自己付出时间。从电话中无形的陪伴,到每天早上真诚的问候,最终,史蒂文真的因此认定了自己是一个好人,只是暂时生病了而已,而让他明白这些的,并不是受过严格专业技巧训练的精神科医生、心理学家或者精神科护士,而是电话中的陌生志愿者,以及一位助理护士,他们的真诚,给了他最深的触动。

对于表达真诚,史蒂文有这些建议:

1.重视陪伴的重要性

在史蒂文心中,热线电话对他产生的最大影响,是营造出了一种久违的陪伴感,你会感觉到有人陪着你,愿意听你说话,并且愿意关注发生在你身上的所有事。

2. 不要替对方做决定

看到自己在乎的人正在痛苦挣扎，你会很自然地想去帮助他们，但最好放弃这种介入，并要允许对方犯错。如果他们跌入低谷，你能做的最好的事情，就是帮着他们收拾残局。这种方法对他们造成的伤害最小，远胜过说"我知道什么对你最好，所以我要让你怎么做"，没有人喜欢听到后者，因为这等于在说"我不相信你可以自己处理好这件事"。

3. 不要谈论自己

如果一个人说"我很难受"，得到的回应却只会"是吗，我可比你难受多了"，谈话也就变成了攀比，不仅一点帮助都没有，还会让人不想继续倾诉。即使是为了共情，找出双方的共同点而说出这些话，也不会起到什么正面效果。

4. 查阅专业资料

如果你怀疑对方有自杀或自残的倾向，可以通过查阅这方面的资料了解更多相关知识，这将有助于你在谈话之前做好准备。

5. 不要逃避敏感话题

不要害怕说出"自杀"或"自残"这样的词，这些词并不肮脏。你说出来其实表明了你在这方面没有偏见，能抱着开放的心态谈论这件事。把担忧说出来，并不会导致事情真的会发生，很多时候，这反而会让对方松了一口气，因为这让他们意识到了自己可以坦然说出心里的感受。

6.询问之前，先要做好倾听对方的准备

如果你很忙，要处理的事情很多，当时的状态不适合倾听对方，就先不要询问对方情况怎样。谈话之前，要确保你能给予对方时间，你可以先这样告知对方："我现在很忙，我晚点打电话给你好吗？或者我们明天一起喝杯咖啡？"

7.相信你的直觉

如果你觉得身边某人的行为有异，完全可以去确认，比如发条信息问问他是否还好。即使得到的回复是沉默甚至一堆不耐烦的脏话，但等对方冷静下来后，会明白你愿意向他伸出援手。

8.坚持鼓励对方敞开心扉

尤其对于男性来说，即使你问他是否还好，他几乎也不会马上回答："我想把所有事情都告诉你。"但这样的提问仍有意义，能让对方知道你是真的关心他，当他想要找人谈谈的时候，很可能就会联系你。

9.早些承认自己的困难，并不丢人

史蒂文事后时常会想，如果他在伤害自己之前就能向别人倾诉求助，或许生活会轻松得多，但他当时并没有这么做，因为他害怕说出自己的实际状况后，就不得不面对别人的惊愕和厌恶。事实证明，他的这些想法阻碍了他求助。

很多时候，陪伴本身就已足够

如果每个人都有机会参与共情式倾听的培训，把学到的技能应用到日常生活中，那将会是非常美好的事情。我曾经接受过两次培训，都是无比珍贵的经历，我不仅学到了大量的知识，还把这些知识融入到我自己的生活中去。

如果你怕遇到难以解决的棘手问题，可以届时联系专业机构寻求更多专家的意见，或者慢慢引导对方联系全科医生进行心理咨询、药物治疗或者认知行为治疗。但这些并不是倾听最主要的着力点，最重要的是，你要和对方在安全的氛围里建立起信任和情感联结。作为共情式倾听的志愿者，我们不会一开始就讨论那些困难的命题，而是会花时间建立和谐的关系，获得对方的信任，让对方感到舒服。很多时候，让对方知道他们拥有别人的支持，这就已经足够了。

在日常生活中，这些操作会更有难度。尽管你还有很多其他事情需要处理，但如果你真的想进行倾听，还是要寻找一个合适的环境，并且放下手中的事情，摒除杂念，专注地听对方说话。要做到这些，可能需要你花更多时间进行练习，你终究可以找到办法将共情式倾听的训练融入日常场景中去。我认为，每个人的倾听能力都存在着极大的提升空间，有些人或许天生擅长此道，有些人或许并不擅长，但改进自己的倾听技巧却是人人皆可做到的。我上学时就读的学校非常古板严格，在那里没人会谈论自己的感受，所以在接受共情式倾听的培训之前，我根本不了解倾听技巧是什么。

陪在对方身边，比提出建议要有用得多。你的陪伴能让对方在那一刻保持理性和自我控制，而这经常能成为扭转局面的转折点。你可以先问一句："你还好吗？"接着再问："是真的没问题吗？"很多时候，最简单的往往是最好的。让对方知道你想要了解、帮助他们，这本身就相当于打开了一条通道，等于告诉对方："如果你想聊一聊，我就在这里陪着你；如果你想跟别人聊，那也完全可以。"在这个过程中，你需要保持自然、热情的态度。

如果你跟倾诉者的关系很好，那么比起对陌生人，你自然会带有更多的情绪，但你可以用适合自己的办法来实现平衡，比如你可以采用缓慢、冷静、沉稳的语气说话。重点在于，你不能带有任何的评判，这是一条非常重要的原则。倾听的时候，你不应该带进自己的态度和观点，即使对方在坦白心事的时候感到脆弱或者不知所措，作为倾听者，你也应该避免在谈话中加入太多关于自己的内容。在应该倾听的时候却不断陈述自己的经历和观点，本质上就是在制造噪声。

有一种普遍的观点认为，男性尤其难以敞开心扉。很多男性从学生时代起，就习惯性地认为自己应该表现出坚强、有能力，因此确实不懂得如何表达感受。尽管现今的社会已经认可了谈论情绪和心理健康的重要性，但刚开始操作的时候，人们依然会感觉无从下手，除非有人教授自己怎么做。有一种练习方式，是告诉自己"我们可以也应该对彼此更加坦诚"，并相信自己如果做到这一点，负面情绪就可以得到遏制。但这种练习的前提，是相信自己不会因为说出心里话而遭到嘲笑，并且知道自己会得到恰当的支持。

此外，选择适当的场合也很重要。你不太可能在周围人声鼎沸的时候，还能好好地和对方谈论重要的事情，此时你们肯定需要一个不受干扰的空间，以此保证谈话的私密性。

> 倾听非常重要，每个人都希望自己被倾听。我知道自己被倾听时的感觉有多好，我也知道是这种积极的体验在激励着我前进。如果我们都能有这样的体验，那我们的社会就能更加健康，且持续发展。
>
> ——菲尔·塞尔韦，英国著名摇滚乐队鼓手，共情式倾听志愿者

迈克尔的故事：
无任务的倾听，甚至不需要任何鼓励

从 8 岁开始，迈克尔的人生志向就是成为一名飞行员，在

18岁那年,他终于如愿参军入伍,然而仅仅四年后,他却因为军队人员冗余而被裁减了。迈克尔顿时感到无所适从,他没有做错任何事,梦想却突然破灭,这对他无疑是个沉重的打击。"我不知道还有什么事情是我想做的,"他说,"我只会做这一件事情,却被迫放弃了。我觉得自己很失败。"

作为裁军补偿中的一项,迈克尔先是进入大学攻读本科学位。一开始,他表现得很开朗,常常开怀大笑,并且每周都有四五个晚上出去玩耍、喝酒、社交。根据补偿规定,第一学年结束时,他才算正式离开军队,不再有军官监控他的学业进展,也没有了全额工资。当退役纪念晚宴结束后,迈克尔猛然惊觉,自己从一名军官变成了没有收入的23岁大学生,他失去的不仅是身份与收入,更是一种重要的归属感。迈克尔陷入了迷茫,完全不知道要做什么。因为状态不佳,他的第一段恋爱也宣告结束,重要的精神支柱又少了一根。

迈克尔决定重塑自己,他开始参与各项活动,包括实习、志愿者、体育俱乐部和兼职等,他努力适应各种不同的身份,借此来分散自己的注意力。然而,这些尝试却带来了更大的崩溃,迈克尔变得食不知味,每天酗酒,足不出户。军人的思维惯性促使他想要赶紧解决问题,他逼着自己走出家门。一天,他和朋友们去酒吧畅饮,但这回酒精不再能使他快乐或者麻木了,他对周围的一切突然萌生了巨大的厌恶感,他几乎是逃出了酒吧,跑到巷子里躲了起来。然后,他拨通了共情式倾听的电话。

500万次倾听
陪伤心的人聊聊

迈克尔已经不记得自己说了些什么，只记得在那次大约一个小时的通话后，他的焦虑得到了极大的缓解。一开始，他一边说一边蜷缩在黑暗的巷子里痛哭，慢慢地，他镇定下来，最后，他重新振作，站起身，径直回了家。当天晚上，他睡了几年来的第一个好觉。第二天一早，他就去大学生援助中心主动寻求帮助了。

"打给热线的那通电话，减轻了我心中强烈的压力和危机感。但这并不是因为我找到了什么解决之道，而仅仅因为我把所有心事都倾诉了出来。接听电话的人没有告诉我应该怎么做，也没跟我说类似'没关系，你会没事的'这样的话。他们问我的是：'你觉得你能坚持度过今天吗？'正因为这句话，我知道自己可以正常地度过这一天，并相信自己能找到办法好好生活下去。"

几个月后，迈克尔在大学里接受了心理咨询，并读完了大学的剩余课程。从那以后，尽管迈克尔的状态还是会有起伏，但他比以前目标更明确并及时地寻求帮助了。

要做到只倾听而不给建议，迈克尔有这些建议：

1.倾听很重要

倾听能让人说出自己的感受，这种某人在某个特定时刻的感受具有独特性，其他人不可能感同身受，因此，要让他们自己表达感受，别人要做的就是用心倾听。

2.你无须认同他们的想法

即使你没有完全理解他们的感受，也可以对他们说："我知道你压力很大。没关系，这是可以理解的。"一旦对方知道自己的感觉完全正常，就已经能极大地减轻身上的负担了。然后，你可以告诉对方："再跟我详细讲讲，有什么是你必须要做的，为什么那让你觉得不知所措？"这能让他们透露出更多信息。

3.你无须每次都解决问题

大部分人在倾听的时候，一旦想到了自己认为可行的解决方案，就会马上告诉对方，但对于倾诉者而言，其实只需要别人听自己说话，接纳自己的感受，不需要有具体的回应。换个角度说，接受别人的求助，并不代表需要别人帮忙想出解决办法。如果对方觉得自己的存在毫无价值，你可以用"能告诉我为什么你会这样想吗？"这类问题帮他们打开心结。

4.你无须鼓励对方

在迈克尔情绪低落的时候，他的父母很支持他，他们把他接回家，递上茶和饼干，告诉他家人都很爱他。但由于迈克尔正处于抑郁状态，这些话在他听来，无异于否定他的感受，暗指那些情绪是不好的、不正常的，而他应该想办法改善自己的行为和情绪。

5.让对方自己提出解决方案

当对方是自己熟悉的人，我们会很容易想去鼓励对方，因为我们熟悉对方的行为模式，也知道哪些方法曾对他们起过效果。但是，此时的鼓励和建议很容易让对方有挫败感，觉得自己一事无成，处理不好任何问题。因此，倾听的目的是要让他们自己提出意见和计划，靠自己渡过难关。让他们自己做决定，这也是你对他们一种非常有力的帮助。

6.不要改变对方

共情式倾听不仅仅是听对方所说的字句，更关键的是你怎样回应对方。如果对方正处于焦虑状态、承受着压力、情绪低落、自我价值感很低，这时要让他们通过谈话进行自我探索，而不是要帮他们改变自己，即使这是出于善意，还是会无意中让对方感觉更糟，觉得自己不够好。迈克尔第一次打共情式倾听热线时，电话那头的人并没有设定任何谈话方向，这让迈克尔得以在通话的时间里充分表达自己的感受，并了解到自己的感受。

放下自己，倾听才能更有效

共情式倾听包括两个步骤。

首先，要抛开自己的价值观，这样才能关注对方的观点。

其次，要关注对方的感受，而不是想着寻找解决方案。只有做到这两点，才能让对方认可他们自己。

在具体行动时，对方在哪儿，你就要去哪儿和他们见面，并且要理解这样做的重要性。举个例子，如果对方处于抑郁状态，你必须让自己的一只脚踏进对方所处的黑洞（患上抑郁症就好像掉进了黑洞），才能带进去一点灰色。你可能想把对方带到一个没那么黑的位置，但这样的开端是不对的。你不能一开始就说："噢，生活其实并没有那么糟。"实际上，你最先应该做的，是要理解对方身处黑洞时到底是什么感受。

有时，我还会用"站在墙的一侧"来形容这种局面，当对方站在墙的一侧，如果你在另一侧朝着那边的人大喊："喂！跳过来呀！这边很好！"这根本不会起到什么作用，因为他们知道墙的另一侧有绿草蓝天，阳光明媚，但他们要是能跳过去的话，早就这么做了。有些时候，你可能得找来一张梯子，往墙顶上爬，翻过墙去，再把梯子移到另一侧，爬下去，来到对方的那一侧和对方见面。

想要控制自己不对倾听到的内容指手画脚，一个重要的方法就是**放下自我**。因为在那一刻，对方需要的是你能最大限度地理解他们的状态。当然，有时这很难控制，比如父母总会自动进入支配或控制的角色，他们可能会说："我最了解你了，所以我知道对你最好的是什么。"大部分家长看到自己的孩子遇到困难、承受痛苦的时候，都迫切地要改变这种情况，这可以理解，但往往起不到什么实质性的帮助。

有证据显示，谨慎的自我开放会对倾听有帮助，但前提是要方式恰当，且与倾听到的内容有关系。如今，以"帮助人们敞开心扉"为核心的方法越来越多，所以即使是同一个问题，我们也可以采用不同的方式去提问。共情式倾听现在会更多地采用"自我表露"这一方式，比如："这可能让你想起了以前的一些事，不知道你是否认同？"以这种方法提问，有助于让对方静下心来思索自己的感受。对于一个简短、中性的问题，他们可能会回答："不是，我完全没有想到那件事。"或者："是的，那是我当时没有想到的。"和家人或朋友聊天的时候，人们难免会更加开放自我，也许会说："我最近也经历了丧亲之痛，我发现这件事情对家里每个人的影响都不同。"你可以让自己更有人情味、更平易近人，但不要让自己成为谈话的重点；你也可以通过分享与对方建立情感联结，但这不能强求。请记住，你不是治疗师，你只是因为在乎对方，所以陪在他们身边。

共情式倾听，需要你放下自己，这样你才能开放自己，真正进入对方的世界，而不是留在自己的领地。但同时，这也意味着你要克制自己，不向对方提出意见或解决方案。并且，你对他们倾诉内容的理解不能停留在字面意思，而是要解开背后的层层含意，鼓励对方详细叙述自己想表达的内容。这种倾听的力量在于让对方获得确认感，感觉你们之间的界限被击破了。要达到这样的效果，需要你具有一定的自制力。

在与精神科护士交流工作的时候，我们会尝试让他们认识到，直接向患者提供解决办法或否定对方的经历，这些做法都属于冲动行事。当患者因为觉得受到不公平对待而生气时，护士们最直接的反应通常是向对方解释，说他们没有受到不公平的对待，但这只是护士的观点，而非患者的感受。如果跟患者这样沟通，相当于否定了他们的感受。此外，我们也告诉护士，当他们想要帮助患者找到解决办法时，最好的处理方式是让患者感受这种不公平感，不要逃避，直到感觉消失。

这有些像正念训练，你要去面对问题，但不用主动地去处理问题，只需要意识到问题的存在，并接纳这一现实，再看看面对问题会对自己产生什么影响。不要试图逃避或隐藏感受，承认感受的存在很重要。总之，调动"感受"，探索可能存在的问题，体会问题带来的感受，才会让思维状态趋于理性。

询问对方的感受，能让你从自己的立场上后退一步，看清更多东西。如果对方说自己情绪低落，与其将你情绪低落时的处理方式告诉对方，不如说："你可以告诉我你有什么感受。"甚至可以说："我的情绪低落和你的情绪低落非常不一样，所以，多给我讲讲你的情绪，好让我设身处地去理解你。"

当然，即使这样，你也不一定会理解对方的感受，因为每个人的经历都是独一无二的。你可能常常听到类似"你根本不懂我在说什么"或"你都不知道我经历了什么"这样的话，这些话其实并没说错。但你根本不需要清楚知道对方的经历，你真正要做的，是帮助对方梳理整个事情，并探索自己的感受。

如果你怀疑事情的困难程度已经超出预料，并且还在继续恶化，甚至对方已经出现了自残、抑郁或自杀的倾向，此时，你可根据具体情况调整对策。一旦出现危急情况，你要拨打紧急服务电话求救。你还可以学习相关知识，了解有什么办法可以觉察问题的出现或防止情况恶化，以便确定对方需要更专业的照顾或紧急处理。如果谈话中涉及这些话题，切记不要表露出震惊、恐惧、厌恶、不赞同的感受，这一点非常重要。即使你问对方"你在伤害你自己吗？"或"你是不是觉得自己可能撑不下去了？"，也不会让他们由此产生极端的想法，不会促使他们真的做出这些事。事实上，让对方意识到可以说出自己的想法和感受，这是很有帮助的，可以让对方踏出治愈的第一步。

> 对于正处于困难中的至亲好友，听他们倾诉是件极具挑战的事。对方陷入痛苦的时候，最重要的是与他们保持沟通，关注他们的想法。
> ——杰基，临床心理学家，共情式倾听顾问

面对熟悉的人，如何避免为对方解决问题

面对家人，谈话的性质会受到很多因素的影响，这并不是家庭成员之间没有倾听彼此的能力，而是因为双方一旦关系密切，谈话就很容易以另一种方式展开。与亲近的人谈话，经常出现的情况无外乎：他们觉得你不理解他们；他们不想成为你

的负担，不想麻烦你。于是，仿佛突然之间，他们的私人情感领域变得难以触及。

就以我做例子吧，一直以来，我都是以解决问题为导向的，直到现在，在面对很多事情时依然会下意识如此。但是，学会共情式倾听后，如果家人或朋友需要与我进行更深入、更意义重大的讨论，我会选择更多地去倾听他们说话，而不是给出建议和解决办法。

作为共情式倾听的志愿者，你要花时间与来电者建立融洽的关系，让对方信任你。这可能会很困难，因为你只不过是电话里的一个声音，而对方所谈的话题却往往是高度情绪化的。然而，一旦建立了信任，来电者向你倾诉的内容，有时会比对熟人说出的还要多，正如很多来电者所说的："我可以跟你谈，但我没法跟我的妈妈/兄弟/任何熟人谈这件事，因为我不想给他们带来负担，或者让他们担心。"

与自己亲近的人谈话，因为互相熟悉，所以谈话很容易展开，但同时，正因为这份亲近，我们很难做到情感抽离。我们不愿意看见自己关心的人承受痛苦或感到沮丧，谈话的时候会很容易直接给出解决办法，说一些类似"你为什么不这样做？"的话。而在热线的通话中，志愿者向来电者付出关怀，却与他们素未谋面，并且以后很可能也不会再与他们对话，所以，志愿者可以做到不提出建议。

倾听时，一旦将关注点放在了给出解决方法上，也就无法真正听懂对方说了什么，无法真正理解造成对方现状的原因。

越是了解对方，就越会出现想当然的情况。你可能会想："我了解他，我知道他有什么感受。"但你的想当然，剥夺了他们探索自我的空间，会让对方觉得自己没有被认可。他们可能并不理解自己为什么会产生这些感受，正需要空间来深入思考，而你却用自己的想法和建议不断进行干预，堵住了他们进入空间的入口，这只会让对方产生防御心理，更加抗拒。

与亲近的人谈话时，有一种做法可以让你掌握更多内容。只要你带着共情倾听，不让对方失去控制权，就可以做到。共情式倾听通常会采用开放式的提问来引导对方，让他们思考自己能有哪些选择，例如我们会问："你觉得什么样的帮助或支持对你最有用？"或者："你会用什么方法来分散注意力？"单独谈话的时候，你可以提出类似的问题，你要确保你的表述只是提问，而不是告诉对方该怎么做，至少要让他们愿意展开讨论。

我们都不喜欢听到亲人自怨自艾，说自己一无是处，这会让我们觉得谈话难以应付。但如果你对他们说出："不是的，你不是没用的人！你很了不起，你很棒！"即使事实确实如此，在对方听来你也不过是在说："我不同意你的看法。"如果一个人陷入消极自我对话的旋涡，无论你说什么赞美或鼓励的话，他们听到的都是你在否定他们的感觉、认为他们是错的，这会让他们觉得你无法理解他们，无法与他们产生共鸣，于是，他们会选择闭口不谈自己的感受。对你而言，你不仅会承受因为解决问题"失败"而产生挫败和焦虑感，更糟的是，今后对方不会再跟你倾诉痛苦，而你却因此误以为一切安好，问题都得到了解决，你们就这样一直误解着对方，近在咫尺，心却相隔。

> 试图帮助和保护对方，是"解困者"一种非常强烈的本能，但是，面对正在经历困苦的人，我们常常意识不到对方最迫切的需求是被人倾听心声。所以，我们首要的任务是读懂对方的信号，用心倾听，适当回应。
>
> ——贾尔斯，共情式倾听志愿者

第八章
可以掌握主动，但不能成为主角

不要将自己的经历投射到别人身上

　　每个人都倾向以自己的经历来解读所见、所闻、所感。我们常常会问自己："我对那件事有什么感觉？""我所经历或听说的事情，有和那件事相似的吗？"我们会用自己的想法作为框架，来分析对方所说的话，但是，这与真正懂得对方的经历是两码事，让对方一直听你讲述自己的经历，很可能对他们没有任何帮助。

　　在平时，当两个人之间展开一场节奏正常、进展流畅的对话时，我们会很自然地分享自己的想法，提及相似的经历，这时候这些发言没有任何问题，能帮助人们进行探索，获取更多支持，进一步了解自己有哪些选择。对于倾听者而言，对方在寻求帮助时第一个联系你，代表在对方心中你们是能互相理解的。因此当你带着担忧，和对方进行一场有难度的谈话时，如果选择开放自我，谈论自己的经历，也是为了让对方获得安全感，觉得可以和你讨论自己的感受。

不可否认的是，有节制的自我表露可以展现同理心，但是，人们常常会犯一个错误，那就是花过长的时间讲述自己的事情。因此在倾听时，我们一定要学会先忽略自己，专注于对方，不断启发对方提供更多的信息。记住，对于对方想要尝试去做的事情，除非对方问你，否则不要给出建议，而且，永远不要告诉别人应该怎么想。确保将对话集中在你想要帮助的这个人身上，这非常重要。如果意识到自己讲得太多了，你可以提出一个开放式的问题，让谈话重点回到对方身上。

如果对方明显不想敞开心扉，你可以问问自己：我有用心倾听对方说出心声吗？我是不是太快就联系到了自己的经历？我有没有设想过对方的感受？有没有想当然地认为对方的感受和自己一样？每个人的情绪和反应都不可能和别人一丝不差，你的主要任务是关注对方，让他们说话，给他们空间去表达和探索任何他们想要谈论的事情。

在倾听中保持中立，只有这样，你才能避免把自己的经历投射到对方的经历之上。

这些语言一旦出现，就代表你没有做到共情式倾听

怎么能及时发现自己没有做到共情式倾听呢？以下这些话，都具有警示信号的作用，一旦听到自己说出下列任何一

条，意味着你已经不再抱有开放的心态，这时候，就应该及时刹车，然后转换谈话的方向。

- 难道你不觉得你应该……
- 要不然你……
- 也许你可以试试……
- 为什么你不……
- 如果你能……
- 我就知道你会这么做/这么说。

只要发现自己出现了以上这些表达，赶紧停下，深呼吸，并尝试通过开放式问题把谈话重新集中到对方身上。

> 知者能言，智者善听。
> ——吉米·亨德里克斯，歌手

避免过多地谈论自己

在一般的谈话中，我们听别人讲话时，常会寻找一些参与话题的切入点，好将自己的经历或感受分享出来。比如，有人说："我的狗死了，我真的好伤心。"你可能马上会接话道："我以前也养过一条狗，后来也死了。"然后在接下来的20分钟里，你都在讲述自己的养狗经历，虽然对方有可能对此感兴趣，但对方却没有机会倾诉自己的感受了。"没有认真听别人说话，只是等着发表自己的见解"，可能会成为一种难以改变的习惯，严重影响人与人之间的交流。与之相比，更有效的做法是共情式倾听，关注对方所说的内容，不要打断对方，仔细思考他们提及的观点。

如果有人旁敲侧击地表达出自己想要说话的意愿，或许他们此刻正需要你问一句"你有什么感想？"或"这事对你有什么影响？"，这很可能让谈话更加深入，获得意想不到的收获。举个例子来说，狗的离世也许唤起了对方对故去亲人的伤感，于是他们用狗的去世作为试探，想在进入重要的话题之前，先看一看你的反应。在谈话时，我们要清楚一点：人们最先提及的事情，往往并不是他们真正想要谈论的事情。

还有一些人之所以谈论自己，是怕谈话中会有过长的间隙，担心会因此带来尴尬。但实际上，沉默的影响力往往更大。如果对方说"我昨天过得很糟糕"，你可以先不接话，让对话稍微停顿一会儿，也可以给予非常简短的回应，比如用鼓励的语气说"是吗？"，示意他们继续讲下去，这样对方就有机会谈及自己的问题了。千万不要说出类似"天啊，我可不想听到这样的坏消息"这样的话，这等于把对方直接拒之门外。

> 很多人害怕讨论"不好"的事情，认为谈及这些事情可能会刺激对方，或让对方沉溺其中，其实，对方只是想倾诉自己的情绪。有时，人们把恐惧说出来之后，才会发现它并没有在自己脑海里打转时那么可怕。让对话集中在对方身上，关注对方的感受，给予对方分享的机会，这也许能帮对方克服恐惧、摆脱困扰，至少，能让你开始理解对方。
>
> ——安妮，共情式倾听志愿者

即使面对熟悉的人，也不可能无所不知

在日常生活中，谈话对象的其他信息总会影响我们倾听的方式。和亲近的人发生冲突时，我们可能会听到或说出这样的话："你到底有没有在听我说话？"或者："你能不能让我把话说完。"这是因为和亲近的人相处时，我们由于了解或自以为了解对方的行为模式，会很自然地去预想或猜测他们下一句能说出什么，或者会有什么样的反应。

设想这样一种情况：在应对有难度的谈话时，你会想当然地认为自己知道对方的想法、感受或说辞吗？事实上，当你怀疑对方承受着巨大的压力，或者处于焦虑、抑郁的状态，无论你们关系如何，你都会强迫自己接受一个现实，那就是你并不了解对方的想法。

我们都有过沮丧或愤怒的经历，或许当时也会觉得没人愿意听自己表达，或是即使表达了，也不过是场独角戏，对方无法与自己形成联结。缺乏联结会让人产生孤独、悲伤的感觉，感到自己不被理解，也不被重视。所以，在谈话时，我们要时刻提醒自己："我真的在听他们说话吗？"即使你准确地预测出了对方的反应，也不要说"我就知道你会这么说"这样的话，而是应该问一些开放式的问题，让对话流畅地继续下去。

在倾听时，你会慢慢地沉淀，然后在某一刻突然发现——对方的状态比自己预想中的要糟糕得多。于是，你知道自己应该收起那些想当然的看法，陪对方探索他们的真实感受。或许对方一开始说的是"心情有点不好"，但最后才会坦白情况其实已经很难应付了。因此，你要尽量让对方说清楚，询问他们的感受究竟如何，有没有跟平时不同的地方，并且，还要知道他们在将感受说清楚后，又会因此产生什么样的新感受。

陪伤心的人聊聊，仅此而已

人们需要心理健康援助，但目前这方面的服务和资源还很稀缺。一方面，现有的临床心理健康服务，其关注点大多在于症状、行为、特征、诊断、医疗干预和治疗，无论是见心理咨询师，还是在精神卫生机构接受长期的住院护理，都是同样的情况。另一方面，家人或朋友在善意的关心和爱护的驱使下，往往迫切地想让亲人远离痛苦，因此，他们常会让自己处于主导地位，采用控制的方式去寻找解决办法，但这往往会让本就痛苦的人们更加压抑和矛盾。"我最清楚不过"这种想法，以及随之而来的想要解决问题、掌控全局的意志，让困境中的人失去力量，还无意中坐实了他们认为"自己什么事都做不了"的观点。

但是，还有一种情况介于这两者之间。这种情况下的人，希望有人陪在身边，但不需要别人帮忙找出解决办法，他们只是单纯地需要陪伴，待在他们身边就等于支持了他们。倾听，是最深情的陪伴。共情式倾听的志愿者往往充当的就是这种角色，不做任何评判，不施加压力，带着同理心守候着人们，让他们知道有人在乎他们的感受，在需要的时候可以放下包袱、发泄情绪。绝大多数人在倾诉时并不是真的需要对方为自己做什么，他们只是觉得自己需要被倾听，希望在向别人诉说时能听到一句"没关系""我听到了你的话"或者"你想要详细聊聊吗？"。

通过用心的倾听，分寸得当的回应，我们就可以找到这样恰当的位置，发挥这样恰当的作用。

詹姆斯的故事：
需要被倾听，不等于需要接受帮助

31岁的詹姆斯·唐斯觉得自己生来就是个不幸的人。十几岁的时候，他就得了强迫症和进食障碍症。学校里的他形单影只,从来没有一个好朋友,在家里,他也总是紧绷着一根弦,因为他的妈妈也一直存在着心理问题。

詹姆斯想过找人倾诉,但他发现身边的人很怕倾听,似乎这会给他们带来烦恼与负担。要不然,就是催促他赶紧去治病,这让詹姆斯更加难受,感觉自己仿佛是个格格不入的怪物,自己的那些感受就像是恶心的毒瘤,不仅不配被人倾听,还应该赶紧将其清除。詹姆斯于是学会了闭嘴,但这让他深感孤独,觉得没有人能理解自己,久而久之,他已经不想跟任何人说话了。

因为进食问题越来越严重,詹姆斯一度不得不休学,在家里接受社区重症治疗小组的帮助。20岁时,詹姆斯上了大学,环境的转变让他更难适应。第一学年他不得不在休假中度过,第二年尝试复学也失败了。詹姆斯意识到,他的大学生涯还没有参加过一场学校的讲座,也没有与别人交流过,他只是自己一个人躲了起来。

詹姆斯觉得自己没用极了,他选择了自杀,但就在命悬一线的时候,他打通了共情式倾听的电话。詹姆斯已经不记得当时的具体细节了,只记得接通电话后不久他就失去了意识,等他醒过来时,已经身处医院。当他出院回到家里时,发现门被撞破了,桌面上还留有共情式倾听的电话号码。

那之后,詹姆斯又给共情式倾听打过几次电话。其中一次通话中,电话那头的人说了类似"听起来那真的是很痛苦的一段时间,听起来那确实很难"这样的话,詹姆斯不记得对方的原话，却清楚地记得那句话带给他的感觉。他如同被雷击中一样，突然发现之前的种种感受都是合理的，即使在别人眼中那些事情也是很困难的，自己并没有什么值得羞愧之处。詹姆斯像是得到了某种启示，他不再觉得自己是个怪胎，也不再觉得处理不好情绪就一定代表着软弱。他知道，要解决所有的问题，自己需要一个漫长的过程，此刻只是开始，同时，他开始意识到，自己是值得别人帮助的。

认同感往往是人们在被倾听中获得的最大价值。"你有这种感觉非常正常"和"无论你经历了什么，都不是你的错"这些话都意义非凡，能改变人们对自己的看法。在向热线求助之前，詹姆斯一直觉得自己的行为和感受都是不合理的。"最坏的时候，我觉得自己经历的事情都不是真实存在的。"他说道。这时，倾听就显得尤为重要，如果有一个人能陪他坐下来，听他倾诉，认同他经受的都是真实的经历，就能有力地和他建立起深刻的联结，让他获得认同感。

现在，詹姆斯的情况已经大有改善，他有能力应付不同的情况，并且重拾学业，获得了剑桥大学的教育学哲学硕士学位。他与接纳他、爱他的人们建立了深厚的关系，也接受了自己不需要时刻表现完美。

当回忆起在最艰难的时刻给共情式倾听打电话的经历时，他这样说道："别人的倾听多次带我走出了黑暗。倾听的重点并不是倾听技巧，不是给出最正确的回应，也不是要解决任何问题或者给建议。重点是关注的程度，是共情和表现同理心的方式。陪着对方，给予对方时间，就是你能给到对方最好的礼物。"

要成为更好的倾听者，詹姆斯有这些建议：

1.给对方安全感和认同感，而不是解决方案

需要被倾听和需要接受帮助是有区别的。与对方建立情感联结，接纳对方所说的内容，能让对方获得一定的安全感和认同感。人们希望有人看到自己经受的痛苦，接纳这些经历本来的样子，而不是想要改变它。因此，你不需要给出解决办法或计划，甚至不需要说太多话，你只需要让对方感到自己被倾听，让对方知道他们并不是独自面对所有难题。

2.需要时可以进行私密谈话

如果你觉得需要在私密空间进行谈话，可以给出建议，告诉对方你想要陪他们好好谈谈，趁这次机会帮他们把问题都说清楚。要让对方明白这样有利于谈话的开展，这一点很重要。如果对方认为现在不是好时机，可以问他们什么时候合适。

3.专业与否不重要，人情味更重要

是否拥有专业或者特定领域的知识并不重要，重要的是要表现出与对方共情的人情味。我希望大家都能明白，只要用心倾听就能给予别人真正的帮助。

4.不要追求最佳答案

不要纠结自己回应对方时的细节，也不用费心考虑怎样的回应才是最好的，而是应该专注于与对方建立情感联结，帮对方获得安全感。即使你的回答并不完美，也不会有问题。对方会知道你是出于好意，你已经尽力而为了。

5.无人倾听，是最大的孤独

人独自承受困扰的时间越长，问题就会变得越严重，但如果把问题说出来，常常会发现它并没有想象中的可怕。很多人缺少的，正是这个"说出来"的机会，好的倾听者能让人们更有勇气开口诉说。想做一名好的倾听者，要以共情的态度、带着同理心和人展开谈话，而不是通过行为分析发现别人的问题并最终寻求矫正，这两者之间有着本质的区别，前者能带来非常明显的正面影响。

不要告诉别人该有什么感受

看着自己关心的人（尤其是和自己共同生活的人）情绪低落，很多人会忍不住鼓励对方往积极的方面想，这看上去好像是个不错的建议，但实际上不仅帮助不大，还会起到反效果。

鼓励对方往好的地方想，听起来就像是在告诉对方，他们的感受是错的，或者是你不相信他们的感受（即使你的本意并不是这样）。作为一个存在心理问题的人，他们本就为无法享受生活中的美好事物而感到痛苦，而你的这些话，则会加重对方的失落感和愧疚感。

因此，在交谈时，我们要尽量避免使用下面这些表述：

- 振作起来。
- 没有什么可伤心/担心的。
- 看看你所拥有的一切，你有很多快乐的理由。
- 你比别人过得好多了。
- 情况本来有可能更糟的。
- 又不是世界末日。
- 你很坚强。
- 熬着吧，没办法的事。
- 你得自己想通这些事。
- 你得打起精神，振作起来。

恰当的鼓励

那么，我们是不是在看到自己亲近或关心的人承受痛苦时，绝对不能鼓励他们呢？当然不是。我们可以试着鼓励他们掌控自己的生活，不过，鼓励的方式要特别注意。

鼓励的重点，是要让对方感受到你的支持，而不是评判。

你可以提醒对方接受或调整自己的感受,如果对方能识别自己的困扰,你可以让他们重复这些肯定用语,让他们相信自己有能力调整自己的心态。

- 这种令人沮丧的感觉最终会过去的。
- 我可以不让这件事困扰我。
- 以前也有过这种感觉,但我现在还好好的。

倾听不应加以评判

共情式倾听的关键,在于不加评判地倾听。如果不想让倾诉者感觉自己遭受了偏见或拒绝,倾听者就要留意自己的措辞和肢体语言。共情式倾听的志愿者在训练时有一条重要的原则:保持态度中立,克制情绪,控制反应。只有抛开自己的观点和反应,才能让自己与谈论的情况保持距离,做出适合的回应。面对家人或朋友时,要做到这一点肯定会困难得多,我们很可能会控制不了自己的情绪,难以冷静。但是不要忘记,谈话中最重要的事,是把正在承受痛苦或者处于困境的人放在首位。如果你想把自己放在首位,以后会有这样的机会,但在此时此刻,让对方说出他们想让别人听到的话,才是重中之重。

你可能会担心自己的情绪出现起伏,比如会一时激动,但放心,你即使真的哭了也没问题,因为这是一种有效回应,能表现出你的关心。同为人类，向他人表现出自己的关心是很正常的，自然的情绪流露十分有益，尤其是在听到非常不好的消息时，一起表达感受，一起哭，这并不是坏事。比起压抑自己的情绪，向对方流露情绪反而会起到积极作用，但这有个前提条件就是，你要确保自己对表露情绪做好了充分准备，能提前考虑到自己怎样的表达方式才是对倾听最有帮助的，不会妨碍对方继续往下说。如果你表现出过分难过或者对抗的态度，则可能把对方推远，令他们不知所措，并且不确定自己是否应该再和其他人倾诉心声。

把注意力放在对方身上，在谈话过程中尽量保持冷静，才能让对方敢于分享任何事情。如果在某一刻，你觉得内心承受不住了，可以先暂停一下，深呼吸，克制住心中想要爆发的恼怒、沮丧等各种情绪。在对方向你倾诉时，哪怕这件事在你听来难以置信，你也要接纳他们说的内容，尝试理解他们的观点，因为这是你能提供的最好的帮助。

即使第一次谈话收效甚微，也不要放弃，他们可能还没有准备好说出自己的心里话，这也不是靠逼迫就可以做到的。但是，你可以让他们知道你就在这里等候着，比如，你可以给对方一个拥抱，告诉对方你就在他们身边，这样就已经足够了。这些举动都可能会改变他们的心态，或许，他们会在一两天后就向你敞开心扉。

帮助别人，
也要照顾自己

第三部分

重要的是你对事情的反应，
而不是事情本身。

—— 爱比克泰德，
古罗马斯多葛学派哲学家

HOW
TO
LISTEN

第九章
帮助别人的实用技巧

非常有效的两大原则：调查研究，提前准备

如果一场棘手谈话的对方，正好是你关心的人，你需要事先做好心理准备，因为对方倾诉的内容很可能让你格外难受。如果你担心家人或朋友最近过得不好，想跟他们谈一谈，也要花时间好好想一下，自己会怎样回应他们对你说出的内容。

可以在脑海里演练一遍你想提的问题，以及有可能出现的后果。你可以将这些推断写在纸上，或者和你信任的人一起讨论，这能让你避免只凭直觉做出反应。通常来说，对方对你有足够的信任时才会向你吐露心声，这对你是一种很高的赞誉，你可以用自己的体恤作为回馈。而消极的回应可能会让对方更加难受，甚至以后不愿意向别人求助。

生活中的种种变化，比如离婚、亲友离世、搬家、大学毕业等，都会使人心理问题进一步恶化。当这些变化出现时，你

应当关心对方，聆听对方的倾诉，了解他们这段时间的经历。

心理问题也分为不同类型，从情绪低落、焦虑，到抑郁症、双相情感障碍等，任何人在任何时候都有可能受到影响。如果可以的话，提前做好准备，收集相关材料并认真研读，这样在面对别人的倾诉时，你的回应就会更有把握，不会慌乱或感到压力过大。

无论你支持的人现状如何，只要多了解对方的经历，你都能获取到可靠的信息，找到帮助对方的更多途径。如果你事先进行过调查研究，在和对方讨论时也会更加应付自如，并且，对方也不需要事事解释给你，这还能减轻对方内心的压力。

布奇的故事：制订安全计划的重要性

布奇·奈特史密斯是儿童和青少年心理健康领域的专家，但也是一个屡次自杀未遂的病人。她患有自闭症，还曾患上进食障碍、焦虑症、抑郁症和创伤后应激障碍。有时，这些问题会同时出现，让她的生活变得非常艰难。

在每一次状态不佳的情况下，只有一种解决办法能帮到布奇，那就是给别人打电话，联系上一个可以跟她聊天或者听她说话的人。"如果时间还不太晚，我会打电话给我的朋友乔，但如果是大半夜，共情式倾听基本上就是唯一的选择了。"布奇发现，只要有人在电话的那一头陪着她，就能有助于稳定她的状态，让她不至于脱离现实世界，出现分离症状，电话可使她专注在当下，有能力解决问题。"有人能听你诉说痛苦，而不是逃避抗拒，这真的很重要，足以让我不去伤害自己。"她这样说道。

布奇觉得，好友乔在那些时刻对她的支持无可估量。他支持她接受治疗，和她谈话，或者就只是陪着她。"他在我消沉的时候接住我的情绪，为我打气。即使我在公众场合哭，他也会坐下来陪着我，而且从来不认为这是一种困扰。他就是坐在那儿，让我的情绪宣泄出来。"

鉴于自己的经历，布奇大力提倡每个人都需要制订安全计划："如果你的朋友让你感到担心，要大胆地向对方提出：'我们谈谈这个事情吧，看有什么办法可以保证你的安全。'这确实有用。你可以问：'有什么事情是需要我们尽量不让你知道的？有什么地方是你不应该去的？在极端危急的情况下，你会第一时间采取什么办法来保证自己的安全？'对方的回复可能很简单，比如：'我会强迫自己玩一分钟手机游戏，之后看看感觉怎么样。'你就可以在这些简单的事情上提供帮助。"

制订安全计划的另一个作用，是可以作为讨论棘手问题时的思路框架。网站 stayingsafe.net 上有安全计划的模板，你可以下载，也可以根据自己的情况创建一个计划。这个计划的作用远比你想象的大，因为人在危急状态时是无法进行逻辑思考的，如果事先把计划打印出来随身携带，或者保存在手机里，就可以按照这套指示来处理当下的情况。

对于布奇来说，好友乔和共情式倾听就是她的安全计划。

布奇深情地说道："知道有人陪在我身边，不管我是多么颓丧，对方都愿意关心我、听我说话，仅仅是这样就能给予我希望，让我感到自己被认可。"

身为倾听者，怎样给对方提供实用的支持

对于一个处于痛苦情绪中的人，要使其说出自己的经历，往往需要一定的准备时间。对方正在挣扎时，旁人说什么都没有用，任何事情也都没法改善他们的感受。这时，你唯一能做的，就是陪在他们身边，等到他们准备好的时候，你自然就能听到他们的心里话。除此以外，你还可以帮他们干一些具体的事，比如做饭、洗洗涮涮等，以此减轻他们的负担。这些事情包括：

- 购买食物和准备餐食。
- 整理账单。
- 帮他们穿衣服。
- 开车载他们去某个地方。
- 照顾宠物。
- 做家务。
- 其他实际的具体事务。

对于很多人来说，知道每天需要做的具体事务都已安排妥

当，能够大大消除压力感和焦虑感。在这方面，除了以上那几条建议外，你还可以根据具体情况制订你心中的待办事项清单，写下你认为对痛苦的人有所帮助的事项：

待办事项清单

1. （如果把这项写在第一条，那无论怎样你都有一项可以打钩）
2.
3.
4.
5.
6.
7.
8.
9.
10.

对倾诉者的实用活动建议

除了制订待办事项清单,在对方确实有意愿的情况下,你还可以提醒你的倾听对象,有些事情是可以纳入他们自己的应对机制的。如果他们需要你帮助制订计划或规划活动,你可以给出以下建议:

1.以善举滋养自己
- 把自己用不到的物品送到慈善店铺。
- 把自己喜欢的东西推荐给别人。
- 拜访年长的邻居。
- 寻找志愿服务的机会。
- 帮别人完成他们手头上的事情。

2.发挥创造力
- 挑战制作有难度的食物。
- 随心所欲画些东西。
- 玩拼图。
- 试着写一首诗或一则短篇故事。
- 写日记或制作手账。

- 参加手工艺课程。

3. 学习
- 研究自己感兴趣的主题。
- 学习一门新语言。
- 看一部有趣的纪录片。
- 读一本书。
- 探索自己所在地的历史。

4. 锻炼
- 游泳。
- 骑行。
- 散步。
- 参加健身班。
- 参加线上健身课程。

5. 保持整洁
- 整理生活空间。
- 整理书架。
- 罗列本周购物清单。
- 更换床单被褥。
- 洗衣服。

6. 转换环境

- 游览本地的风景区。
- 去花园或公园坐一坐。
- 开车兜风。
- 步行去商店。

7. 善待自己

- 穿上最舒服的衣服。
- 给自己泡杯茶。
- 冥想或参加瑜伽教程。

8. 进行社交活动

- 安排与朋友见面。
- 找一个自己感兴趣的俱乐部、组织或社区团体。
- 打电话给家人。

9. 娱乐

- 去看电影或戏剧。
- 看自己最喜欢的电视节目。
- 听一些自己以前没听过的音乐。
- 创建一张自己喜欢的歌单。

10.愉悦感官

- 点一支香薰蜡烛。
- 洗个温暖的泡泡浴。
- 用一条舒适的毯子裹住自己。

侯赛因的故事：
倾诉者可以用一切方式表达自己

侯赛因·马纳沃是一名诗人和社会活动家。对他而言，最难以忘怀的经历，发生在他26岁那年——母亲因脑动脉瘤突然去世。

记得母亲丧礼结束后，侯赛因看着人们在她的房子里走动，走过她挑选的楼梯，使用着她曾经专用的餐具，他突然意识到母亲已经不在了。仿佛一瞬间，侯赛因觉得人生的支柱坍塌了，他的世界变得动荡不安，充斥着难以面对的悲痛，他不禁大哭起来。一位朋友来找侯赛因交谈，这位朋友的父亲也故去了，他对侯赛因说，那是他人生中最糟糕的一天。这句话对侯赛因意义重大："我当时觉得非常难以应对，因为都到这种时候了，人们还只是跟我说'会好起来的，你会挺过去的'。但这位朋友却说出了事实。"因为这句话，侯赛因感到自己被接纳了，终于有人不再强迫他必须坚强，接着，这位朋友告诉他："最糟糕的情况也有一点好处，那就是接下来只会越来越好。"后来事实证明，这位朋友是对的。

治愈是一个漫长的过程,需要很多事情让自己重新审视生命中的伤痛。在侯赛因姐姐的婚礼前,他有些担忧地对姐姐说:"你可能会难过,因为妈妈不在了。"但姐姐回答:"不,不会的,妈妈结婚的时候妈妈的爸爸也不在了。"这让侯赛因对整件事有了新的看法。他的妈妈在年轻的时候也失去了自己的爸爸,但她依然过好了自己的人生。于是,侯赛因决定要主动寻找一些方式,让自己不再沉溺于悲伤,他不希望等有一天和母亲在另一世界相见时,母亲对他说:"你的孙子呢?你的工作呢?我把你养大,可不是想你每天只是坐在家里哭。"

人们对悲痛的处理有各自的方式,哀悼的过程也存在着个体差异,是纯属个人的独特经历。对侯赛因来说,他的途径有两个——找人倾诉和写诗。"用语言表达出我的感受,试着说出情绪的名称,或者通过写作来梳理自己的想法,这对我真的很重要。"他总结道。

侯赛因除了打电话给撒玛利亚会外,也会致电一位生活在澳大利亚的朋友,正因为他们不是面对面地聊天,他觉得交流起来更轻松。"不见面真的让我轻松很多。我和那位朋友只是聊聊天,他给我一些新的看法,哪怕他只是说'那一定很难',也能给我带来很好的感受,因为那让我知道有人愿意了解我的创伤和挣扎。"

在侯赛因看来,说出自己的感受是非常重要的,说出这些情绪的名称,有助于自己更好地应对眼前的难题。现在,越来越多的人已经意识到倾诉的作用,但却苦于无人倾听自己。倾听就像是一种无价的财富,甚至可以拯救生命。

侯赛因曾不止一次给共情式倾听志愿者打电话，此外还见过三位治疗师，其中认知行为疗法对他颇有效果。这对他而言不是件容易事，他从来没有听说过身边哪个巴基斯坦人会花钱去伦敦市中心见心理治疗师，但正因为侯赛因的勇敢求助，他的生活好转了很多。侯赛因从自己的经历出发，建议每个人都应该把自己的感受说出来，如果让感受变成痛苦的内心独白，甚至转变为压力、愤怒、冷漠麻木等，就会对自己造成伤害。人们想要不被这些感受吞噬，就一定要找到表达自己的方法。

除了直接用口头语言倾诉，写作也是侯赛因治愈自己的方式。从某种意义上说，这也是一种倾诉。他觉得自己的脑子里好像有一堆缠结的电线，而写作的时候，就像抓住了其中一根，继而能够把电线解开。写作的过程中，他会感到自己很脆弱，但这却是他表达自己的安全空间。

如何掌握积极倾听的技巧

良好的沟通是很有必要的，无论是对人际关系、组织机构、政府，还是对我们日常生活而言，都至关重要。从小到大，很多人教我们学会表达自己、表现自己，几乎没有人教我们要如何倾听，但这绝对是一项不可或缺的技能。

听，是一种身体感官反应，而倾听则是对自己听到的内容进行梳理，是理解或尝试理解事情的来龙去脉。好的倾听能与对方建立起真正的情感联结，而好的倾听者会表现出关心，会给予对方同理心和耐心。

在撒玛利亚会，共情式倾听被分为多个部分，这有助于人们学习如何更好地倾听。而其中一个重要的部分，就是要**抛开评判之心，转变观念**。很多时候，我们对于别人的言行是有预判的，尤其是面对自己熟悉之人的时候，我们总觉得自己知道对方在想什么，或者清楚对方在不同场合会做出什么反应。在谈话中，一些正面的质疑也会有帮助，然而不能忘记的是，谈话的核心目的始终应该是让我们的朋友、家人、同事知道他们可以倾诉，可以把自己的心事都说出来，进而梳理自己身上发生的事情。因此，在沟通的过程中，评判必须分外谨慎，而真诚则格外重要。

撒玛利亚会在共情式倾听方面，经常采用的一项技巧是**释义方法**，也就是把对方陈述的内容按照自己的理解反馈出来，确认自己正确地理解了听到的内容，并且，这能让对方有机会澄清或反思自己的想法。面对亲近的家人或朋友的时候，我们通常不会想到采用这种方法，但这种方法其实作用显著，能让我们有进一步理解对方的机会，也让对方有机会能说出："不是，我说的不是那个意思。"

在撒玛利亚会的咨询热线中，接听者会通过仔细提问让释义方法发挥作用，我们会问对方："你这样的感觉有多久了？"在对方回答后接着问："过去处于低谷的时候，有什么做法是对你有帮助的？"还可以继续问对方，过去的做法现在是否还能起作用，等等。通话中，可以给对方温和的鼓励，提醒对方他们自己具备着自救的能力、方法和知识。人们通常是知道自己应该怎么做的，如果对方说出了自己觉得可行的所有办法，你可以问："有什么阻止你去做这些事吗？"这样表述，可以让对方重新感受到力量，得到鼓励、肯定和正向的反馈。

给情绪起名字，也是共情式倾听的一个技巧。把愤怒、悲伤、恐惧、希望、嫉妒、绝望等这些情绪表露出来，并给它们起名，会对倾诉者产生巨大的安慰作用。并且，这会给倾听者提供线索，知道对方最担心的是什么。给情绪起名字，类似于编辑一串"情绪索引"，倾诉者可以从中挑选出符合的情绪，然后进行"我感到悲伤，我感到愤怒，我感到被背叛或被拒绝"这类的表述。很多时候，我们会笼统地说"只要忍一忍，自己消化一下，这事就过去了"。但其实明确说出自己的情绪并诚实面对，可以营造出一个安全的空间，有助于人们进一步思考自己为什么产生这些情绪——尽管那可能意味着，作为家长、朋友或者伴侣，你会不得不听到一些让人难受的真相。

作为倾听者，我们也要时刻注意自己的心理健康。如果听到的内容实在让自己感到气恼，也不要朝对方大喊大叫，不如先听听到底发生了什么事情，听听对方的情绪，感受对方的痛苦。然后，如果你需要的话，可以向另外一个人说出你自己的感受。

> 倾听对方，让对方重新获得力量，最重要的一点就是让对方看到希望。希望非常重要，能让人相信自己可以度过这段艰难的时期，这也就是为什么我们希望大家说出自己的情绪，表达自己的感受。我们努力通过共情式倾听让人们获得力量，这比直接插手给对方解决问题要难得多，但如果成功的话，会产生更深远的影响，因为对方已经自己做出了选择。你是一个支持者、引导者、帮手，但并没有责任去拯救别人，因为他们已经拯救了自己。
>
> ——露丝，自2016年以来一直是共情式倾听志愿者，在2015—2020年期间担任撒玛利亚会首席执行官

对方不会表达情绪时，你可以这么做

1. 通过释义，帮对方梳理自己的经历

如果你尝试过，就会知道要想用别人能理解的方式来描述自己的感受，是一件多么困难的事，尤其是第一次谈论自己感受的时候。对于对自己影响程度很大的情绪，人们通常会轻描淡写，或者不知从何说起，或者感到尴尬或羞愧。因此，给予对方足够的机会来解释自身感受和经历，是十分重要的。

用释义这个实用的方法，可以帮他们解决这一难题，比如你可以说：

- "你说……意思是……吗？"
- "这听起来的意思是……你是这样想的吗？"

此外，重复对方所说的话也很有用，能保证自己正确理解对方的意思。作为倾听者，释义能帮助你更好地理解对方目前的经历，同时也给了对方进一步倾诉的机会。在对话中，我们解释同一事情的用语各有不同，所以，要意识到对方可能会用不同的方式或语言来表达。如果你感到听不明白也没关系，你可以重复对方说的话，确认是否正确理解了他们所说的内容。

2.帮对方说出情绪的名称

理解自己的情绪、表达出情绪、说出情绪的名称，这些都是很重要的能力。我们可以用一些练习帮助别人识别自己的情绪，用语言描述并处理此刻的感受和想法，进而敞开心扉。

倾听时，你可以参考下列词语，并询问对方是否能识别或认同这些情绪。

害怕	沮丧	紧张
有趣	快乐	压迫感
生气	充满希望	惊恐
焦虑	无望	平和

冷淡	羞耻	后悔
无聊	遗忘	压力
挫败	我似乎无法融入	陷入困境
失望	我似乎是个负担	紧迫
与人隔绝	孤独	感恩
低落	迷茫	被困住
活力充沛	中性	我不知道

你还可以询问对方，是偶尔还是经常出现以下这些身体感觉：

肌肉酸痛	非常疲惫	心跳加快
背部疼痛	不舒服	躁动不安
肠胃不适	磨牙	喘不上气
消化不良	头痛	多汗
呼吸加快	身体发麻	有睡眠问题

然后，可以问对方，如果将自己的心理健康水平从 1 分（我很好）到 10 分（陷于困境）进行分级，他们会给自己打多少分？

1　　2　　3　　4　　5　　6　　7　　8　　9　　10

最后，让倾诉者写下自己为什么会有这种感觉，或者任何

500万次倾听
陪伤心的人聊聊

他们想要分享的事情。

第十章

接纳"不好",没什么不好

抛开控制欲,让对方自己做决定

身为家人或朋友,我们想要向对方提供帮助,表达照顾和关心之情,是出于善意的爱和保护。然而,如果不能抛开自己的控制欲,只会让事情朝着反方向发展。

看到自己在乎的人身陷痛苦,我们会忍不住出谋划策,比如提议:"你为什么不出去跑跑步呢?那会让你感觉变好的!"这方法对你或许奏效,但这只是你的解决办法,不一定适合他们。如果,他们跑完步后感觉更糟了,可能还会抱怨:"你为什么要让我这么做?"这非但没有让他们的问题得到解决,还会让他们生你的气。鉴于此,你也一定要让对方感受自己的情绪和痛苦,这样他们才能最终学会控制和调节。

除了不要提建议外,也不要帮别人决定应该做什么,这也会夺走对方对于自己的掌控力,加深其无力感。一旦你说出

"我会帮你做那件事""我认为你应该做什么"这样的话，无论你是否真有其意，都会变成对他们的不认可。就如同之前讨论过的对方是想要帮助还是想要倾诉时一样，如果对方说"我做不了这个，我需要帮助"，你当然可以马上向他们提供切实可行的解决办法，但如果对方是说"我只是想谈谈，想一吐为快，以此让自己心里舒服点"，你要做的就是让对方尽情倾诉。

在交谈时，我们要给予对方力量，而非建议，要让他们有决定和转变的过程，这是他们自己要走的路。倾听，就能使你想去帮助的人保持力量。

达伦的故事：让每个人自己选择道路

39岁的达伦在17岁时，就已经是一名登记在册的酗酒者了。酗酒让他失去了伴侣、工作和家，甚至亲生母亲都将他拒之门外。达伦只能住进一处应急避难所，每天目睹那里无尽的打斗、吼叫和各种难以想象的混乱，他看不到任何活下去的希望，最后躺在救护车里离开了那里，三天后，才在医院里醒来。

此后的脱瘾治疗更是一波三折。对于达伦来说，他的酗酒和抑郁密切相关，这种情况下，即使是家人或爱人也很难想出解决办法，因为达伦很抗拒别人说出"我早就跟你说过"这样的话，也不喜欢别人总是规劝他"不要喝酒"或者"不要做这个"。

后来，在戒酒组织里，一位新来的戒酒援助人员让达伦有了不一样的感受。她会不断向他提问："你听到你刚刚是怎么说的吗？""你觉得事情真的是这样吗？""那你打算怎么做呢？"她常常会听达伦倾诉，然后从中选出一些内容反馈给他，这也让他能够认真思考自己的感受究竟是什么。同时，她总是能挑起话题，并且问对问题，问出达伦之前没说出来的东西。以前达伦一直感觉，没人想了解真正的他，没人愿意听他说话，而这位工作人员让他意识到：她在认真地听他说话，就像他听她说话一样。她认可他，认为他能够成为更好的人，这也是他想要看到的。达伦意识到，如果想要把这件事做好，他就必须去康复所。

于是，达伦开始了长达九个月的戒断治疗。一开始并不容易，36个瘾君子挤在一间屋子里，这让达伦很不舒服。但渐渐的，达伦学会了和那些瘾君子们坐在一起，学会了听他们说话。以前，他只听得到自己，只听自己想要听的东西，而在这里，他学会了和别人聊天。

经过三个月的戒断治疗，达伦突然发现了一件事——他的倾听技巧还有着其他作用，那就是治愈自己和别人，而这也成了达伦人生的转折点。当他学会善意地倾听，才体会到倾听是多么重要。在康复所里，和36个身心俱损的人谈话，是否在真正倾听，是件生死攸关的大事，关系到这些人是能回家，还是再也见不到他们的孩子，甚至是自杀。

在戒断治疗中心时，有位女孩平时总是默不作声，达伦一直尝试帮她打开心结，告诉她可以说说心里话。在一次活动中，女孩终于敞开了心扉，面带笑容地和大家分享了自己的心里话，她与自己和解了。那一刻，达伦感动得想要流泪，而以往，他只有在自己非常生气的时候才会想哭。后来，在很多艰难的时刻，达伦都会回想起那个感动的瞬间。2015年，达伦终于成功戒酒，并且成为共情式倾听的志愿者，还在大学里学习犯罪和法医心理学。

倾听成为达伦生活中的珍贵经历。当他回想起自己的转变历程，他意识到并不是有人治好了他，或者告诉了他应该做什么，他必须通过自己的方式来找到解决办法，因为路要怎么走，终归是取决于他自己。只有他自己才能打破现状，重建自我。

现在，每当他在热线接听电话的时候，都能更加体会到谈话的意义并不只是为了自己，还为了那些需要帮助的人。"现在我在热线轮班，每次接听电话，对方都有可能是和我有相同经历的人。我从来都不会忘记我在和什么人谈话，不会忘记被对方信任是多么荣幸。我知道要说出自己的心里话有多困难，可能要尝试好多次才能做到，但我一点也不介意，只要他们有勇气拿起电话，我就一定会全神贯注地倾听，因为我知道，在接下来的半小时甚至仅仅10分钟内发生的事，可能会改变对方的一生。"他如此说道。

远距离的倾听，如何发挥作用

无论具体的沟通方式如何，只要是人与人之间真正的联结，都有着无可估量的价值。给予对方时间、同理心以及全心全意的关注，能满足对方最根本的情感需求。

即使与自己支持的人相距很远，或者不能与他们面对面交流，这也并不意味着你不能陪伴他们。视频、电话、短信和邮件都能帮助你实现远距离的倾听。哪怕是对方还不知如何表达自己的感受，这些联系也会有所作用。你要做的就是保持联系，表达你的关心。

2020年新冠疫情大流行期间，我一直在撒玛利亚会提供志愿服务。很多来电者谈到了孤独感、对家人的想念、对经济状况和失业的担忧。封控让人们有了更多的思考时间，他们可能发现自己正处在一段有问题的关系里，或者因为失去家人或朋友而倍感悲伤。社交距离的限制，让人们对情感的需求更加迫切，人们会比往日更加频繁地联系自己所关心的人。在某种程度上，这一特殊时期促进了人与人更深层的交流，我们从物理空间上被分隔了，彼此的联络却比以往任何时候都更有了意义。

人类本身就是渴求亲密关系的社会动物，一旦被剥夺了与人交往的自由，必然会产生种种不适。当自己无法和亲友相伴时，我们才会意识到这些事情是如何珍贵，而自己之前一直将其视为理所当然。

如果你因为某些原因不能与家人或朋友面谈，可以在电话中遵循共情式倾听的谈话技巧。谈话刚开始时，对方可能会情绪激动，甚至出现对抗情绪，不过，很多时候，情绪表达正是开展深入讨论的前提。你可以启发对方："你提起的这个事情，可以跟我再详细说说吗？"或者："你现在似乎要面对很多问题，其中让你最烦恼的是什么事？"这些话可以让对方脑子里纠缠不清的问题现形，并且鼓励对方去解决这些问题。谈话一旦有了实质性的进展，你就可以问对方："电话结束之后你会做什么？"或者："今晚剩下的时间你会怎么安排？"这会帮助他们更好地安排接下来的空闲时间。

当一个人感到孤独、不被理解或者孤立无援的时候，如果知道别人在关心着自己、愿意听自己倾诉，很可能会给他带来巨大的改变。 如果你发现对方正在承受痛苦、想要寻求帮助，请记住，你并不一定要去进行一场深入的交流，你只需要说出：

"你还好吗？"

琼尼的故事：情感联结——改变结局的力量

琼尼·本杰明出生在伦敦一个保守的犹太家庭，从小到大，他在别人眼中都是一个学业有成、能力不凡的人。

但其实，在琼尼 5 岁的时候，他就开始去看心理医生了，

10岁时，他更是因为性取向陷入了痛苦。再后来，琼尼还出现了精神障碍，他总觉得有个声音在控制他，告诉他要做什么或不要做什么，不照做就会受到惩罚，而这个声音只有他自己能听到。

鉴于自己在心理健康问题上的羞耻感，琼尼不愿向任何人说出自己的真实情况。他还是众人眼中的那个优秀学生，而只有他自己知道，他不过是把学习当成了逃避现实的手段。

17岁时，上大学成了琼尼的救命稻草，他告诉自己，只要去了大学，所有问题就都能留在家里，留在伦敦。后来的情况自然无法如愿，他的心理状况因此越发恶化了，开始自残、酗酒。大学三年级的一个晚上，琼尼终于失控了，先是像恶魔附体般胡言乱语，然后跑到大街上对着路人大喊大叫，最后还冲进了车道中间。

琼尼被收治进精神病院，接受了六个星期的住院治疗。这段经历让琼尼感到绝望，他觉得自己没有理由再活下去了，而就在他要实施自己的自杀计划时，一个陌生人的出现，彻底改写了他的人生故事。

"这个人走过来就说'没事的，没关系的'。他接受我的现状，并不试图改善它，他表达的就只是'没关系'。从来没有人这样对待过我，这跟我在医院里的感受实在太不一样了，在医院里时，根本没人有时间听我说话。这个人还很友善，他说'我哪里都不去，就在这里陪着你'。我花了这么长时间看精神科医生，医生也只会对我和我父母说'我们不清楚琼尼的病情后续发展会怎样'。但是这个人说'你可以挺过去的'。在我们的谈话过程中，有很多沉默和停顿，那些时刻他就只是陪着我。我从未有过那样的经历，毕竟在医院里大家都很忙，看诊也只有几分钟。而他给了我时间，和我一起经历那些时刻，陪着我，听我说话。那感觉真的是非同一般。"

那次改变命运的偶遇后，琼尼就有了一种强烈的感觉，觉得或许真有方法能让自己渡过难关："对于我来说，有人能接受我的状态，这是一个惊人的发现。他对我没有任何的评判，只是想跟我谈一谈，他并不害怕我，也不觉得尴尬，给予我这个陌生人那么多时间，让我觉得自己是值得活下去的。如果他相信我能坚持下去，或许我也应该相信自己，这给了我希望。"

为了治疗自己的疾病，琼尼后来再次住进了之前的那家医院。那里一切如故，但他环顾四周时，内心已经产生了变化。他接受着同样的治疗，得到同样的照顾，但对所有事情都有了不同的看法："与陌生人的对话对我产生了巨大的影响，改变了我的看法。我对自己说，我可以挺过去的。"

出院以后，琼尼想要找人谈谈，于是就给当地的撒玛利亚会打了电话。"被倾听的感觉真是太棒了。在以前，即使是面对私人治疗师，也难免会有分秒必争的感觉，但共情式倾听的志愿者会给我时间。我感到自己得到了别人全心全意的关注，这种感觉能对人产生重大的影响。这种谈话没有压迫感，是一个中立的空间，双方都是平等的。"他说道。

从那以后，琼尼开始和家人和朋友更多地谈论自己的经历。"我觉得，在某种程度上，我出柜了两次，一次是告诉家人和朋友我是同性恋者，一次是告知他们我的心理健康问题。这是一个过程，在这个过程中，我建立起自信，懂得要如何讨论问题，并且不害怕展开谈话。和父亲谈这个事情时，一开始真的是很困难。他不懂表达，我也不懂表达。但是，我出院之后，我要去门诊复诊，他会开车送我去医院，然后再开车来接我回家。就是在这些开车往返的路程中，我们进行了那些有难度的谈话。我们在车里谈话，效果是最好的，主要是因为两个人之间不需要对视。"

多年以来，琼尼也看到了他与家人和朋友之间在对话方面的改善和进步。"我记得几年前的一个晚上，我正和一群关系很好的男性朋友吃饭，我当时很痛苦，于是说出了自己的经历。在一阵尴尬的沉默后，有人说了一句：'哦，我们该结账了吧？'但现在，我同样在晚餐的时候跟朋友们说我很难受，他们就会说：'听到这些我很难过。'这让我获得了强烈的认同感。事实上，只要家人和朋友说出'没关系'，就能消除我的羞耻感和内疚感。"

直到现在，琼尼如果需要找人聊聊，都会选择撒玛利亚会。人越是处于艰难、黑暗的境地，就越是需要这种支持，需要得到别人善意、温暖且不带评判的对待。创造一个安全空间，在这个空间里，人们可以不被打扰地进行交谈，这种做法本身就独特且弥足珍贵。

关于如何建立真正的情感联结，琼尼有以下建议：

1.用共情构建情感联结

我们内心都想要与别人建立联系，进行交流，相互问候。这种情感联结没有特定的公式，最重要的一点就是要保持共情。

2.重视对方的感受

在对方痛苦或难过的时候给予陪伴，和他们一起面对困难，将这种精神痛苦等同于身体受伤一样重视，并陪伴在他们身边。

3.用各种方式展开交流

肩并肩地交流，有助于让对方敞开心扉。此外，还可以和对方出去散步或开车兜风。

4.不断尝试

最开始建立联结的时候，对方很可能无法敞开心扉，不妨事，可以多尝试几次，这种定期的联系会循序渐进地产生影响，让对方知道有人陪在自己身边，关心着自己。

5.沉默常常胜过万言

谈话过程中很可能会有停顿或沉默，没关系，要给予对方时间和空间，这样他们才能说出自己想说的话，才能产生良好的谈话效果，让倾诉者得到精神上的放松。

6.他愈不如自愈

人们可以自己找到方向，只是很多人尚未意识到自己拥有这项能力，你要做的，是相信自己的治愈能力。

给予陌生人以关键支持

虽然这本书的创作初衷是为了很好地帮助我们的朋友、家人、爱人和同事，但如果你碰见想要自残或有其他过激行为的陌生人，这本书也能给你提供一些倾听之法。

事实上，自杀是可以预防的，而且自杀的念头也通常是暂时的，是可以被打消的。旁人只要问一个简单的问题，或者稍加观察，很可能就可以让对方摆脱消极情绪，开启康复之旅。

如果你觉得对方看上去孤僻冷淡或沮丧不已，似乎需要帮助，可以主动和对方聊一聊。不要害怕自己唐突，毕竟我们每天都在和别人说话，只是问问对方好不好，不会让情况变得更糟；也不用担心自己使用的方法不对，只要这方法能让你接近对方就好。

而如果你已经决定接近对方，接下来，你可以这么说或这么做：

- "今天晚上很暖和，是不是呀？"
- "你叫什么名字？"
- "你需要帮助吗？"
- "你还好吗？"
- 介绍你自己，告诉对方你正在做什么，要去哪里。
- 问对方是否需要你帮忙联系亲友。
- 问对方是否想找个地方坐下来喝杯热饮。
- 你可以告诉对方有哪些人可以帮到他们，包括撒玛利亚会、专业医生，或者对方的亲人和朋友。

总之，你所做的一切，都要让对方知道有人愿意帮助他们。只要做到这一点，就足够了。

记得要抬头仰望星空，而不要只关注脚下方寸之地。尝试理解你看到的事物，思考是什么让宇宙得以存在。保持旺盛的求知欲，无论生活看起来多么艰难，总有值得的事情去做。重要的是，不要放弃。

——斯蒂芬·霍金

第十一章

关照自己，才能更好地支持别人

渡人，先渡己

　　陪伴和帮助并非易事。用心倾听，关心痛苦中的人们，这些都会给你带来压力和挑战，特别是当讨论的问题十分敏感或棘手时。请一定记得，渡人要先渡己，如果你手里的罐子是空的，又能拿出什么东西给别人呢？如果一直关心别人，却忘记善待自己，会让你精力耗尽，感到疲劳和烦躁。

　　压力会影响你的判断，意味着你难以进行有效的沟通。此时，拥有自己的人际安全网络显得尤其重要。比如在撒玛利亚会，大家在开始轮班前要向自己的班长报到，轮班结束后，要做一次简报，整理轮班时的所闻，并说出自己的感受。

　　善待自己和善待他人同样重要，我们要给自己留出时间，为自己补充能量。**还记得飞机上的安全指引吗？我们必须先自己戴好氧气面罩，才能帮别人戴上面罩。如果你连自己都没照**

顾好，就不可能照顾好别人。

管理自己的情绪和反应

在面对我们所关心的人时，只用心倾听，而不让自己的情绪介入其中，不过度反应，也不主动承担对方的问题，这些并不容易做到。如果你觉得自己在谈话中总被自我内心的情绪或想法干扰，不能敏锐地做出反应，那就要花时间考虑一下相关问题了，比如自己和对方的关系、对方正面临的困难、自己所担心的问题，等等。这些都能帮你梳理出一些头绪，以便更好地控制谈话局面。

谈话中，我们既要注意控制反应，也要注意控制情绪，把精力集中在谈话的对方身上。然而，总是避免提及自己的经历和观点、压抑自己的情绪（尤其是悲伤、愤怒、焦虑等情绪），难免会在日后产生副作用。为了消除这种影响，倾听者可以试着写下自己的情绪，想办法去消解，而不是单纯地忽略或压制。还可以找自己信任的人说说话，或者花时间做一些自己喜欢的事。

尝试建立自己的支持网络

没有人能对别人的需要有求必应，特别是面对重大困境的时候。对于你所能给出的支持，需要预先管理好自己和对方的期望值，否则难免会让对方失望。

如果你觉得独自应对这样的局面太困难了，可以尝试让其他家人或朋友和你一起分担。这能帮你减轻压力，也让你关心的人得到更多的帮助，让情况有所好转。

你是倾听者，但也可以是倾诉者

听亲近的人诉说自己的困境，可能会令你深感震惊，尤其是听到那些对方一直隐瞒的事。这时，承认自己的惊讶或者不知所措，并不是什么羞耻的事。

虽然你知道自己无须替他们扛起重担，但这并不代表你内心不会萌生出替对方分忧的念头，比如当对方谈及一些令人伤心、沮丧的事情，你会感到难过。这些情绪都是可以理解的，如果出现这种情况，你就要在谈话之后找一个倾听者，把自己内心的感受都说出来。不要忽视这个环节，这很重要，释放自己的情绪是绝对必要的。

作为倾听者，在一些时候承认自己力有不逮，无法处理日常生活以外的难题，这对自己是很重要的。不要因此而感到内疚，暂时歇一歇，或者帮对方寻求其他方面的照顾，这对你们都很有益。

倾听别人之前，先倾听自己

在撒玛利亚会的工作，与心理治疗师的工作非常不同。心理治疗师长期与求助者共同探索，与对方建立起具有疗效意义的关系，挖掘危机产生的深层原因，探索长期的、持续性的治疗方案。与之相比，撒玛利亚会的电话沟通常常是康复道路上关键的第一步。

打电话到撒玛利亚会的人，通常都处于人生的危急关头，当然，这并不代表他们有自杀倾向，但孤独、抑郁的状态确实已经达到了一个临界点。这些促使他们勇敢地迈出这一步，主动联系热线倾听，表达出改变自身处境的意愿。

要成为好的倾听者，首先要懂得爱惜自己。在倾听时，你能记住并运用各种技巧，比如在对方说话的时候不插话，不预设自己的回应，但要让倾听达到良好的效果，最重要的是先捋清自己的"问题"，这样才能避免把自己的经历投射到对方身上。学会倾听自己，是更好地倾听别人的第一步，倾听自己的身体，在感到疲惫或者有压力的时候知道自己需要什么，满足自己的需求，确保自己有时间停下来思考。

当我们能够处理好自己的恐惧、焦虑以及其他困境，我们就能以更好的状态来帮助对方。假设你对自己的亲密关系并不满意，那么，在朋友来找你谈论与亲密关系相关的事情时，你会很容易把自己的问题投射到朋友身上。如果要做到真正的倾听，就不能泄露自己的想法或者情绪，不然会让自己陷入进退两难的境地。

听家人或朋友诉说内心最深层次的顾虑时，你需要有自己的支持小组，和你一起面对倾听中的难题。这一点很重要，需要时刻谨记。通过倾听予以帮助,并不是某一个人的责任。你可以帮倾诉者去寻找更多可以倾诉的对象,在他们交谈的时候,你可以陪伴,也可以让他们单独去谈。和对方一起寻找倾听者的过程,还能让对方知道有谁能和自己一起面对。同时,在你组建自己的支持小组时,要保证参与者知情并且同意。

> 倾听别人的诉说,尤其听到令人痛苦的剖白,可能会让人觉得可怕,甚至触发自己以往的伤痛。如果你是倾诉者的父母、伴侣、朋友或同事,这更会难上加难。事实上,你必须承认这一点,那就是对方与你分享自己的心事,是非常勇敢的行为,向别人说出自己的心事,需要很大的勇气。他们迫切寻求帮助,表明心中还存有希望,因为这体现出了他们的信任,以及摆脱困境的意愿。
>
> ——UKCP 心理治疗师希尔达·伯克,
> 担任共情式倾听志愿者超过 10 年

制订照顾自己的全计划

如果你不知如何照顾自己,可以参考下面这些练习:

1.确定可倾诉的对象

如果你觉得自己需要谈一谈,想想哪些人可以帮你,记下他们的详细信息。

姓名：_____

电话：_____

备注：_____

（例如：你什么时候可以打电话给他们。他们倾听和支持你的能力如何。）

2.自查倾诉需求

如果你察觉到任何迹象，表明自己有向人倾诉的需求，可以在这里记录下来，内容大致包括：

- 有怎样的想法和意向。
- 有怎样的情绪波动。
- 是否被羞耻感或内疚感折磨。
- 习惯或行为方面有何转变（例如睡眠变差、更疲惫、易哭或更容易与人争吵）。

_____

_____

_____

_____

3.让自己放松

整理罗列能帮助你放松、带给你希望和激励的事情。那可能是你喜欢、期待的事,也可能是让人感到乐观的其他事。

能帮助你放松的事情是什么。

能激励你的事情是什么。

用句子描述出那些能带给你希望的事情:

如果你一时想不出让自己感到放松的事,还可以参考以下这些:

- 听音乐。
- 点一支香薰蜡烛。
- 写日记。
- 读一本好书。

- 洗个澡。
- 冥想。
- 进行正念涂色。

4.增加幸福感

下面这些方法，能增加幸福感，让你更好地照顾自己：

- 保持规律的生活。
- 睡个好觉。
- 健康饮食。
- 运动。
- 只要有进步，就会奖励自己。
- 找到能帮自己放松的事情。
- 避免摄入咖啡因和酒精等让人兴奋的物质。

5.坚持运动

运动对身心健康至关重要，但并不是必须进行特别激烈的运动才能达到良好状态，慢节奏的活动，比如散步，既让人在一定程度上进行了锻炼，也可以促进社交。以下，就是一些锻炼方面的建议：

- 尽量走楼梯，不要坐电梯。
- 午休时间散散步，或者提前一站下车，步行走完最后一段路。
- 做一些园艺方面的事。
- 去健身房或游泳池运动。
- 在社区、工作中或与朋友一起，组织一项体育活动。
- 漫无目的地逛逛公园。
- 放点音乐，在厨房跳迪斯科。
- 来一次骑行。
- 定期进行力所能及的健身活动，骑行、跑步、瑜伽或温和的拉伸都可以。

6.享受当下

感受此时此刻发生的事情，不仅能让人感到愉悦，还能促使人重新确定生活中各种事情的优先顺序，加深对自己的理解，根据自己的价值观和动机做出正面的选择。以下，是一些关于享受当下的建议：

- 花时间感受身边的环境。
- 在自己工作的地方放一盆植物。
- 安排一个"清理杂物日"。
- 去一家新开的咖啡馆吃午餐。
- 留意朋友、家人、爱人和同事的情绪或行为。
- 进行正念训练。

7.终生学习

保持学习的习惯，可以增强人的自信和自尊感，促进社交互动，形成更积极的生活方式。比如你可以：

- 尝试新食谱。
- 报名参加感兴趣的课程。
- 读报或读书，甚至成立一个读书俱乐部。
- 玩填字游戏或数独。
- 学习一种乐器。
- 研究自己一直想知道的事情。
- 学习一个新名词。

8.从奉献中获得快乐

参与公益活动对健康大有裨益，回馈他人的同时也能改善自己的心情。你可以尝试以下这些事情：

- 向陌生人微笑。
- 向慈善商店捐赠。
- 参与志愿活动。
- 给别人做一份礼物。
- 做一顿饭并给朋友送过去。

9.与他人建立良好的联结

亲近他人、想要获得他人的重视，这些都是人的基本需求。社会关系能使紧张的心理得到缓解，有益于情绪健康，所以，要花时间与朋友、爱人、家人、同事和邻居建立联结。

- 与人面对面交谈，而不是发电子邮件。
- 与不认识的人交谈。
- 问问别人周末或晚上过得怎么样，对方说的时候要认真听。
- 加入一个社区团体。
- 开车上班的时候让同事搭便车，或者下班时与同事结伴同行。

新冠疫情让我们都经历了一段不寻常的时期，我不幸地失去了父亲，他在西班牙猝然离世。在那些异常困难的时期里，每个人都有自己的问题要应对，我们比起以往任何时候都更需要保持联系。

对于自己的心理健康问题，我一直都直言不讳。记得我曾一次次地打电话给共情式倾听机构，鼓起勇气尝试开口，但每次都挂断电话，似乎为自己的情绪而感到羞愧。而没有挂断电话的那一次，成了我人生中难忘的美好时刻。有人倾听着我，不问任何问题，也不需要知道我的名字。我哭着说出自己的心里话，很长一段时间之后，我放下了电话，也知道自己并不孤单，我对电话那头的人的感激之情难以言表。

  我们都会遇到困难和问题，也会害怕让别人为自己担心，但我们需要表达自己的感受，与家人和朋友分享自己的经历。当我们把问题说出来，会惊讶于很多人和自己有着同样的经历。我们要善待自己，要与人交谈，要相信总会有人在你身边。而有时，一个简单的电话就能作用显著。

  虽然我的焦虑仍会不时发作，但我确信，在我需要的时候总会有人陪在我身边。不仅有共情式倾听的志愿者，还有我的朋友，虽然我以前不敢告诉他们我内心的感受。永远不要忘记，不管你觉得自己有多么不同，觉得自己是多么孤独、悲伤、迷茫，总会有人在你身边。你永远都不会是孤单一人。

——盖尔·波特，撒玛利亚会大使

第十二章
永远可以有下一步

有时候，你的爱人或家人，他们最好的交谈对象，是亲密关系或者家庭成员以外的人，你不要因此感到不解或不快。如果对方决定另外寻求帮助，并不是对你们之间的关系有所不满，甚至有时候，正是对亲近之人有着爱和保护的欲望，他们才选择和亲友圈以外的人交谈。

无论你的朋友、家人、爱人或同事是否选择你作为倾诉对象，最重要的一点是，彼此要足够坦诚，这样才能一起讨论是否要寻求进一步的帮助。即使发现自己并不是对方最合适的倾诉对象，这也没关系，这不代表你有问题，更不代表你们的关系会因此出现问题。

有时候，你可能不是合适的倾听者

试想一下，如果你正处于困难时期，或者在生活中遇到了不好应对的难题，这时的你，是否适合向对方提供支持呢？如果你觉得别人的问题给你带来的压力，甚至比你自身承受的压力还要大，或者觉得自己无法清晰地思考并回应对方，那么，你从交谈中退出也是情有可原的，或者，你可以帮他们寻找另外的帮助。

如果对方谈及的事情会严重刺激到你，触发你以往的创伤，这也有可能让你无法继续提供帮助。一旦出现这种情况，你要优先考虑自己的身心健康，向对方进行解释，说你无法倾听他们的倾诉。你可以说："看见你承受这些事情我很难过，我想陪在你身边，但我必须要让你知道，我自己也有过类似的经历，所以我担心自己不是你倾诉的合适人选，因为这有可能会让我们俩都很痛苦。我们能不能一起另外找合适的人选？以此确保对方可以给你真正的关注，让你感到被倾听。"

专家指导：
如果对方需要专业帮助，你该怎么做？

UKCP心理治疗师安迪·瑞安，

在约克郡东北部专门从事药物和酒精成瘾治疗服务

某些情形下，对方需要更专业的帮助，例如对方出现一些可被诊断的精神障碍或成瘾行为，比如酗酒、厌食症、双相情感障碍、创伤后应激障碍等。下面，我们以成瘾行为为例稍作分析，看看我们能够怎样为对方提供进一步的帮助：

成瘾通常是人们为了应对生活中的创伤而产生的分离症状、情感转移等防御机制。听对方诉说自己的成瘾问题时，最重要的一点，就是保持开放式的对话，陪在他们身边，而且确保谈话不要只围绕让对方成瘾的物质。我们需要从另外一个角度来讨论成瘾问题，不要过多地问他们使用的是什么物质，而是要问他们为什么要使用这些物质。这在家庭成员之间是很难做到的，因此，更好的办法是联系当地社区的支持体系，例如药物和酒精成瘾治疗服务。

听自己爱的人诉说自己的成瘾问题，可能会极具挑战性，所以你要问问自己是不是真的能接受这样的谈话。你要知道，这是一个长期的过程，你应该成为对方支持小组中的一员。不要让所有事情都围绕在成瘾这个问题上，要确保对话围绕的对象是人。如果对方转移话题，不代表他们不想说话，可能是因为他们目前已经无法应付更多问题。很多人会用俏皮话来回应，这或许是他们的方式，好让自己慢慢开口说出真实的痛苦。在某些情况下，当人们开始意识到成瘾行为对自己和他人产生的巨大影响时，就会开始责备自己，进而想要忽略自己的责任，尤其是那些难以承担的责任。

为了实现持续性的转变，我们需要为对方的康复创造一个安全空间。在酒精成瘾治疗中心，我们不仅仅关注症状（比如街头露宿、药物滥用和刑事犯罪），还会把这些问题视为生活中各种问题、难题积累后的变化和结果。重要的是，我们还会关注这个人的整体情况，关注他们的经历和创伤，帮助他们建立有疗效的关系，创建一个安全空间，使他们得以分享自己内心真实的想法。如果他们愿意的话，这能让他们获得有意义的、持续性的改变。

不管是成瘾治疗支持，还是专门的心理健康服务，很多人尚不知道可以在这些方面获得帮助。作为倾听者，你可以帮对方寻求获得支持的途径。倾诉者如果害怕被评判，可能会让寻求帮助的过程异常困难，因为成瘾过程非常隐秘，可能会伴随着羞耻、内疚和悔恨。大多数地方卫生专员都具备良好的心理健康和成瘾治疗方面的资源，此外还有一个分级系统，可以让人们在恰当的时候获得适当的支持。如果你正在帮助别人，也可以找到很多当地致力于此的互助团体，包括谈话疗法、志愿者团体、药物和酒精康复支持团体、危机小组等。

专家指导：如果倾听不足以帮助对方

UKCP心理治疗师希尔达·伯克，
曾为共情式倾听志愿者

如果对方正面临创伤，倾听他们诉说自己的经历将会很有挑战性。对方向你描述创伤的过程，等于又让他们经历了一遍创伤，而这未必能对他们产生什么实际的帮助。如果对方开始诉说自己的创伤，尽量不要像听对方说其他问题（比如抑郁症）的时候那样探究细节，相反，你应该进行积极的引导，以选择题的形式帮助他们思考，比如："你有没有考虑过，是要加入支持小组，接受心理治疗，还是和医生谈一谈？"这或许可以帮助他们找到一个空间，既能让他们安全地探索自己的创伤，又能让他们获得专业的支持。

建议对方寻求进一步的支持，你可以这样说

注意对方在倾诉时的语气，如果对方显得十分绝望、无助、沮丧，那你既要听他们诉说，也要温和地鼓励他们寻求其他支持，这是很重要的一步。其中一种引导方法，就是问他们对于寻求支持的看法，例如你可以说："你觉得需要打电话和医生谈谈这件事吗？你对寻求支持有什么看法？你觉得跟心理治疗师谈谈会有帮助吗？"

与"你要和全科医生谈谈吗？"这样的提问方式相比，"你觉得需要打电话和医生谈谈这件事吗？"这种句式更加温和，效果也会更好。通过这种提问方式，对方会感到你不仅认同他们的求助行为，还认同他们的感受，同时，还让他们自己掌握着控制权。

如果对方拒绝支持，怎么办？

如果对方不想寻求支持，你可以采用一些温和的开放式问题，让对方进行思考，比如："还有其他选择吗？""你想改变现状吗？"友善的提问能让对方获得启发与力量。

记住，有些人宁愿选择痛苦，也不愿面对棘手的问题或挑战。我们面对的是成年人，必须要尊重对方的选择和自由意志，对于是否接受帮助，他们拥有最终的选择权。

究竟可以获得怎样的帮助？

如果你从对方的声音中听出了绝望，那可能需要马上给予对方支持。撒玛利亚会、NHS 111（英国国民保健服务热线）、当地医院的急诊服务，都可以全天候提供帮助，如果出现更加紧急或者不安全的情况，你还可以拨打报警电话。

打电话到撒玛利亚会，可以获得及时的情感支持，但这并不是一种持续性的护理。大多数情况下，想从根本上解决问题需要更深入的治疗，这就需要心理治疗师和全科医生介入，给予长期支持。

如果对方的情绪属于长期反复出现，不会直接危及生命，那他们更适合接受全科医生或者心理治疗师的帮助。

　　有时，选择并非唯一，不同类型的护理之间可以实现互补，可以在不同的情况下挽救生命、改变人生。从对朋友、爱人、同事，以及共情式倾听志愿者的倾诉开始，进而再到联系全科医生和心理治疗师，每个人都可能成为一个节点，给予倾诉者支持，陪他走过人生的这一段旅程。

尾声

感谢你的支持

敲开心扉，陪伴他人，不仅能让我们彼此支持着面对困境，还有助于改变长久以来对心理健康的污名化。对比五年前或十年前，我们在心理健康方面已经取得了显著的进步，但仍有相当长的路要走。人们终能明白，越是坦然表达自己的感受就越好。

与那些对你至关重要的人保持紧密联系，表达你对他们的关心；保持足够的敏感，察觉别人什么时候需要倾诉。这些举动会让对方在遇到更大困难时愿意选择相信你，向你说出他们的经历和感受。而你要做的，就是鼓励对方说出心里话，并认真倾听，不带评判，替他们保守秘密。不要害怕沉默，不要害怕出错，不要提出自己的想法（除非对方主动问你）。要相信你有带来改变的能力，你能给予对方真正的帮助。

最简单的举动往往最有意义。在我们前文讲过的那些故事中，经常能发现简单举动带来的巨大能量。这举动或许是康复护士每天那句愉快的问好；或许是素未谋面的路人发起的短暂交流；或许是戒酒援助人员提出的一个问题。而对于很多人来说，转折点就是打给共情式倾听志愿者的那一通电话。这些时刻给他们带来的希望，让他们开始了自己的康复之旅，希望并非全部来自临床治疗、诊断和药物，有时而是被人认可、被人倾听的感受。

未来充满挑战，人们的交流方式也将有所改变，撒玛利亚会以及我们的社会环境必将继续发展，通过各种技术充分发挥共情，以新的、不同的方式伸出援手，互相帮助。世界在变化，我们也要学会运用新的方法去帮助身边的人。共情式倾听的目的，是要确保每个人在需要的时候都有人陪伴，而你的任务，是向自己身边的人伸出援手。你并不需要拯救任何人，只需要陪在他们身边，直到他们准备好拯救自己。

下面，让我们最后重温一下共情式倾听的模式，以此帮助更多需要帮助的人。

共情式倾听的模式

- 使用开放式问题：怎样？什么？哪里？谁？
- 总结：归纳对方所说的内容并复述，能向对方表明你认真倾听了他们的话，理解他们的状况和感受。
- 反馈：重复某个单词或短语，以此鼓励对方继续倾诉并扩展话题。
- 厘清：有时，对方可能会淡化一些重要的内容。通过深入探索这些内容，有助于帮助对方更明晰自己的想法。
- 用简短的字句给予鼓励：对方可能需要鼓励才能继续说出自己的事情，可以使用类似"是"或"继续"这样的词语。
- 回应：我们需要通过诸如"听起来那真的很难"这种表示认可的语句来回应，表示自己理解对方。

> 希望不仅是乐观的态度，更是我们为之奋斗、值得为之继续奋斗并且最终想要获得的事物。
>
> ——谢默斯·希尼，诗人

后记
用倾听让世界更好

倾听让我们懂得陪伴他人，在对方遇到困难的时候给予支持，有助于加强我们与伴侣、家人、朋友、同事的关系。

无论是与正在承受痛苦的人展开一段对话，还是温和地鼓励别人说出自己的苦恼，本书展示了不加评判的倾听所带来的影响，借鉴共情式倾听的丰富案例和经验，提供可应用于日常生活中的实用建议。

本书内容浅显易懂，包含了训练有素的倾听志愿者所分享的谈话技巧，包括怎样表达感受、怎样倾听才能避免因别人的担心而困扰等。

愿你从中获得启迪，愿每个人都能在倾听中汲取力量。